コミック版 日本の歴史64

篤姫

幕末・維新人物伝

Legendary Heroes of The End of shogunate and The Meiji Restoration

Atsuhime

企画・構成・監修：加来耕三
原作：後藤ひろみ
作画：瀧 玲子

《おもな登場人物《とうじょうじんぶつ》》

島津斉彬《しまづなりあきら》

薩摩藩《さつまはん》11代藩主《だいはんしゅ》。日本《にほん》の将来《しょうらい》を見《み》すえる頭脳《ずのう》明晰《めいせき》な人物《じんぶつ》で、阿部正《あべまさ》弘《ひろ》の相談相手《そうだんあいて》となる。篤姫《あつひめ》を通《つう》じて、次《つぎ》の将軍《しょうぐん》を一橋慶喜《ひとつばしよしのぶ》とするよう画策《かくさく》するが、家定《いえさだ》とほぼ同時期《どうじき》に急死《きゅうし》してしまう。

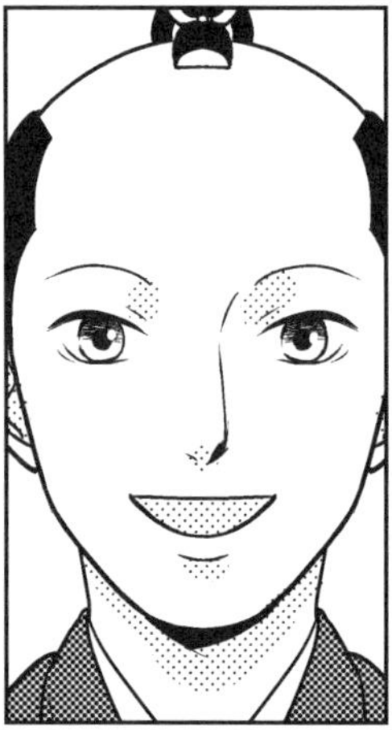

徳川家定《とくがわいえさだ》

江戸幕府《えどばくふ》13代将軍《だいしょうぐん》で篤姫《あつひめ》の夫《おっと》。心身《しんしん》が弱《よわ》く息子《むすこ》もいなかったため、次《つぎ》の将軍《しょうぐん》を誰《だれ》にするかで、幕閣《ばっかく》や諸藩《しょはん》の大名《だいみょう》の意見《いけん》が二分《にぶん》される。篤姫《あつひめ》との結婚《けっこん》のわずか1年半後《ねんはんご》に急死《きゅうし》する。

徳川家茂《とくがわいえもち》

14代将軍《だいしょうぐん》で和宮《かずのみや》の夫《おっと》。紀州藩主《きしゅうはんしゅ》だったが、家定《いえさだ》の次《つぎ》に、どちらが将軍《しょうぐん》となるかで慶喜《よしのぶ》と争《あらそ》う。家定《いえさだ》の急死後《きゅうしご》、わずか13歳《さい》で将軍《しょうぐん》になる。長州征討《ちょうしゅうせいとう》のため大坂《おおさか》へ向《む》かい、21歳《さい》で病死《びょうし》する。

篤姫《あつひめ》(天璋院《てんしょういん》)

13代将軍《だいしょうぐん》・徳川家定《とくがわいえさだ》の御台所《みだいどころ》（正室《せいしつ》）。薩摩藩《さつまはん》の島《しま》津家分家《づけぶんけ》に生《う》まれ、藩主《はんしゅ》・島津斉彬《しまづなりあきら》の養女《ようじょ》となった後《のち》、将軍家《しょうぐんけ》に輿入《こしい》れする。結婚《けっこん》して1年半《ねんはん》で家定《いえさだ》と死別《しべつ》するが、その後《ご》は大奥《おおおく》の主《あるじ》として、幕末《ばくまつ》の江戸城《えどじょう》と徳川家《とくがわけ》を守《まも》り抜《ぬ》く。

島津忠剛《しまづただたけ》

篤姫《あつひめ》の実父《じっぷ》。島津藩主《しまづはんしゅ》の分家《ぶんけ》の一《ひと》つである、今《いま》和泉島津家《いずみしまづけ》の当主《とうしゅ》。活発《かっぱつ》な長女《ちょうじょ》の篤姫《あつひめ》を心配《しんぱい》しながらも、将軍家《しょうぐんけ》の御台《みだい》所《どころ》として送《おく》り出《だ》す。

阿部正弘《あべまさひろ》

幕府老中首座《ばくふろうじゅうしゅざ》で福山藩《ふくやまはん》主《しゅ》。鎖国中《さこくちゅう》の日本《にほん》に、欧《おう》米列強《べいれっきょう》が迫《せま》るなか、優《すぐ》れた人物《じんぶつ》を次《つぎ》の将軍《しょうぐん》にしようと、島津斉彬《しまづなりあきら》とともに画策《かくさく》するが急死《きゅうし》する。

西郷《さいごう》吉之助《きちのすけ》(隆盛《たかもり》)

薩摩藩士《さつまはんし》。下級藩士《かきゅうはんし》ながらも斉彬《なりあきら》に認《みと》められて、側近《そばちか》くに仕《つか》えたほか、篤姫《あつひめ》の婚礼道具《こんれいどうぐ》の準備《じゅんび》を任《まか》せられる。後《のち》に、討幕派《とうばくは》の中心人物《ちゅうしんじんぶつ》となって新政府軍《しんせいふぐん》を率《ひき》い、江戸《えど》へ攻《せ》めて来《く》る。

一橋《ひとつばし》(徳川《とくがわ》)慶喜《よしのぶ》

徳川将軍家親族《とくがわしょうぐんけしんぞく》の一橋《ひとつばし》家当主《けとうしゅ》。斉彬《なりあきら》らの後押《あとお》しで家定《いえさだ》の次《つぎ》の将軍候《しょうぐんこう》補《ほ》となったが、支持者《しじしゃ》が政争《せいそう》に負《ま》けて一時《いちじ》は失脚《しっきゃく》する。後《のち》に15代将《だいしょう》軍《ぐん》となって、大政奉還《たいせいほうかん》を行《おこな》う。

勝海舟《かつかいしゅう》

幕府軍《ばくふぐん》の最高責任者《さいこうせきにんしゃ》。新政府軍《しんせいふぐん》に敗北《はいぼく》して江《え》戸《ど》に戻《もど》った慶喜《よしのぶ》に、幕《ばく》府側代表《ふがわだいひょう》を任《まか》され、新《しん》政府軍《せいふぐん》を率《ひき》いる西郷《さいごう》と交渉《こうしょう》をする。明治維新《めいじいしん》後《ご》も篤姫《あつひめ》と徳川宗家《とくがわそうけ》の援助《えんじょ》をした。

本寿院《ほんじゅいん》

家定《いえさだ》の実母《じつぼ》。篤姫《あつひめ》にとっては姑《しゅうとめ》にあたる。家《いえ》定《さだ》を心配《しんぱい》するあまり、篤姫《あつひめ》と対立《たいりつ》する。

幾島《いくしま》

篤姫《あつひめ》の近《ちか》くに仕《つか》える奥女中《おくじょちゅう》。篤姫《あつひめ》の教育係《きょういくがかり》で、島津家《しまづけ》との連絡役《れんらくやく》も務《つと》める。

徳川家達《とくがわいえさと》

徳川将軍家親族《とくがわしょうぐんけしんぞく》の田《た》安家《やすけ》に生《う》まれる。維新《いしん》後《ご》に徳川宗家《とくがわそうけ》を継《つ》ぎ、篤姫《あつひめ》に養育《よういく》される。

和宮《かずのみや》(静寛院宮《せいかんいんのみや》)

孝明天皇《こうめいてんのう》の妹《いもうと》で、家茂《いえもち》の御台所《みだいどころ》。結婚当初《けっこんとうしょ》は篤姫《あつひめ》と対立《たいりつ》するが、やがて和解《わかい》する。家茂《いえもち》の急死後《きゅうしご》は、篤姫《あつひめ》とともに大奥《おおおく》と江戸城《えどじょう》を守《まも》り、新政府軍《しんせいふぐん》に徳川家《とくがわけ》の存続《そんぞく》を訴《うった》える。

コミック版《ばん》 日本《にほん》の歴史《れきし》64
幕末《ばくまつ》・維新人物伝《いしんじんぶつでん》
篤《あつ》　姫《ひめ》

もくじ

篤姫《あつひめ》を知《し》るための基礎知識《きそちしき》

※この作品《さくひん》は、歴史文献《れきしぶんけん》をもとにまんがとして再構成《さいこうせい》したものです。
※ 本編《ほんぺん》では、人物《じんぶつ》の年齢表記《ねんれいひょうき》はすべて数《かぞ》え年《どし》とします。
※ 本編《ほんぺん》では、人物《じんぶつ》の幼名《ようみょう》など、名前《なまえ》を一部省略《いちぶしょうりゃく》しております。

第《だい》一章《しょう》　薩摩《さつま》おごじょ

薩摩《さつま》では
気《き》の強《つよ》い女性《じょせい》のことを
「薩摩《さつま》おごじょ」と呼《よ》ぶ
例《たと》えば――
何《なん》べん
言《い》うたら
わかる!!
弘化《こうか》三（1846）年《ねん》
薩摩藩《さつまはん》
薩摩兵児《さつまへこ》は郷中《ごじゅう》に
おなごを連《つ》れてなど
いかぬ！
どげんしてじゃ！
あては兄様《あにさま》より
剣術《けんじゅつ》も馬《うま》も達者《たっしゃ》じゃ！
於一《おいち》（後《のち》の篤姫《あつひめ》）
11歳《さい》

薩摩藩…現在の鹿児島県鹿児島市に藩庁（役所）を置いた藩

兵児…薩摩で十五歳以上二十五歳以下の青年男子を指す

郷中《ごじゅう》…薩摩《さつま》独特《どくとく》の教育《きょういく》を行《おこな》うグループ。近隣《きんりん》の年上《としうえ》の青年《せいねん》が、幼少者《ようしょうしゃ》に武道《ぶどう》や学問《がくもん》を教《おし》える。

おなご…女子《じょし》。

あて…鹿児島弁《かごしまべん》で「私《わたし》」。

於一《おいち》…従来《じゅうらい》「おかつ」と読《よ》む説《せつ》が有力《ゆうりょく》だったが、近年《きんねん》「おいち」と読《よ》むことが判明《はんめい》。

見《み》ておれ！
タッ
おおい
於一《おいち》！
バッ
はいや――っ！
於一《おいち》（後《のち》の篤姫《あつひめ》）は幕末《ばくまつ》の薩摩《さつま》藩主《はんしゅ》・島津家《しまづけ》の一族《いちぞく》である今和泉島津家《いまいずみしまづけ》に生《う》まれた
ドドドド…
わが妹《いもうと》ながら
なんたる
薩摩《さつま》おごじょ　じゃ

世子《せいし》……将軍《しょうぐん》・大名《だいみょう》などの跡継《あとつ》ぎ。
この時《とき》 後《のち》に幕末《ばくまつ》の名君《めいくん》として
讃《たた》えられる島津斉彬《しまづなりあきら》は
すでに三十八歳《さい》でありながら
未《いま》だに世子《せいし》の座《ざ》にあった
島津斉彬《しまづなりあきら》
ドドドドド
きゃー
馬《うま》が急《きゅう》に!!
どいてたもんせ〜!
ドドドドドド..
於一《おいち》!?
ご ご世子様《せいしさま》に対《たい》し
なんということを……
忠剛《ただたけ》（於一《おいち》の父《ちち》）

ドドドドドドド
申《もう》し訳《わけ》ございませぬ！娘《むすめ》がとんだ不調法《ぶちょうほう》を……
於一《おいち》は ご世子様《せいしさま》がおいでとは まったく知《し》らずに……
はは よいよい面《おもて》を上《あ》げい

そちの娘《むすめ》か
はまったく 薩摩《さつま》おごじょにて……
スッ
いや 子供《こども》は元気《げんき》が 何《なに》よりじゃ
元気《げんき》でさえ いてくれればのぉ……
そうであった 若殿《わかとの》は……
斉彬《なりあきら》は生涯《しょうがい》に 十一人《にん》の子《こ》をもうけたが 無事《ぶじ》成人《せいじん》したのは 娘《むすめ》三人《にん》だけだった
ドドド…

於一《おいち》 また 女《おんな》だてらに本《ほん》など読《よ》んでいたか
父上《ちちうえ》
だいたい いくら おはんが おごじょというても 限度《げんど》がある！
おはんが馬《うま》で跳《は》ね飛《と》ばしそうになったのは世子様《せいしさま》だぞ！
あの方《かた》が ご世子《せいし》の斉彬様《なりあきらさま》!? 江戸《えど》住《ず》みの斉彬様《なりあきらさま》が なして薩摩《さつま》に？
いよいよ お殿様《とのさま》に お成《な》りになるの？
……琉球《りゅうきゅう》に来《き》た異国船《いこくせん》の問題《もんだい》を解決《かいけつ》するためじゃ

琉球《りゅうきゅう》…現在《げんざい》の沖縄県《おきなわけん》。

なして琉球《りゅうきゅう》に異国船《いこくせん》が？
薩摩《さつま》にも来《き》もすか？どんな船《ふね》ですか？
はあ…
また「なして？なして？」と……なして来《く》るかなぞ知《し》らぬわ
そんなことよりだ……
どんな所《ところ》だろう琉球《りゅうきゅう》 異国《いこく》……
江戸《えど》……
父上《ちちうえ》もう何《なに》も聞《き》こえてませんよ
忠冬《ただふゆ》(長兄《ちょうけい》)
うむ
於一《おいち》が男子《だんし》であればの……困《こま》った娘《むすめ》だ……
ご世子様《せいしさま》は於一《おいち》のことをなんと？
「元気《げんき》が一番《いちばん》」と……
ブッ
あはは…

首座《しゅざ》…首席《しゅせき》。最上位《さいじょうい》の人《ひと》。

嘉永《かえい》三（1850）年《ねん》
鎖国《さこく》していた日本《にほん》の近海《きんかい》には すでに多数《たすう》の異国船《いこくせん》が現《あらわ》れていた
阿部正弘邸《あべまさひろてい》
老中首座《ろうじゅうしゅざ》 阿部正弘《あべまさひろ》
トト‥‥
薩摩藩主世子《さつまはんしゅせいし》の斉彬《なりあきら》は幕府老中首座《ばくふろうじゅうしゅざ》である阿部正弘《あべまさひろ》のブレーンとなっていた
琉球《りゅうきゅう》に開国《かいこく》を求《もと》めて来《き》ている異国船《いこくせん》はいずれ日本《ひのもと》にも来《く》るでしょう
応《おう》じなければ戦《いくさ》の可能性《かのうせい》も……

鎖国《さこく》…外国《がいこく》との貿易《ぼうえき》や交通《こうつう》を、禁止《きんし》したり極端《きょくたん》に制限《せいげん》したりすること。
老中《ろうじゅう》…将軍直属《しょうぐんちょくぞく》で政務《せいむ》を取《と》りしきる江戸《えど》幕府《ばくふ》常設《じょうせつ》の最高職《さいこうしょく》。

あの清国《しんこく》が
イギリスに負《ま》けた
アヘン戦争《せんそう》のような
ことになれば
この日本《ひのもと》が植民地《しょくみんち》と
なることもありえる
なのに
次期将軍《じきしょうぐん》の家祥様《いえさきさま》は
お体《からだ》がお弱《よわ》い……
……ところで斉彬《なりあきら》どのに
娘《むすめ》はおありかな？
いえ　娘《むすめ》は……
先日《せんじつ》　公方様継嗣《くぼうさまけいし》で
あられる家祥様《いえさきさま》の
二人目《ふたりめ》のご正室《せいしつ》が
亡《な》くなられた
最初《さいしょ》のご正室《せいしつ》も
ご病弱《びょうじゃく》にて　早《はや》く
亡《な》くなられた
そこで家祥様《いえさきさま》が
広大院様《こうだいいんさま》のことを
思《おも》い出《だ》されたのじゃ
広大院《こうだいいん》（茂姫《しげひめ》）
島津家出身《しまづけしゅっしん》の広大院《こうだいいん》は
十一代将軍《だいしょうぐん》・徳川家斉《とくがわいえなり》の
御台所《みだいどころ》として男子《だんし》を産《う》み
七十二歳《さい》まで生《い》きた

清国《しんこく》：1616〜1912年《ねん》まで続《つづ》いた中国最後《ちゅうごくさいご》の王朝《おうちょう》。
アヘン戦争《せんそう》：1840〜1842年《ねん》、イギリスと清国《しんこく》との間《あいだ》で行《おこな》われた戦争《せんそう》。

家祥様《いえさきさま》は広大院様《こうだいいんさま》のような
健康《けんこう》な……生命《せいめい》の力《ちから》に
あふれたお方《かた》をご正室《せいしつ》に
迎《むか》えたいそうじゃ
奥《おく》からも同《おな》じ声《こえ》が
あがってくる
生命《せいめい》の
力《ちから》……
……そのような娘《むすめ》なら
確《たし》かに 一人《ひとり》おりまする
おお!!
っ

鶴丸城《つるまるじょう》
嘉永四《かえい》(1851)年《ねん》
四十三歳《さい》にしてようやく薩摩藩主《さつまはんしゅ》となった斉彬《なりあきら》は久々《ひさびさ》のお国入《くにい》りを果《は》たす
五年《ねん》ほど前《まえ》だったか そちの娘《むすめ》を見《み》せてもらったな
於一《おいち》でございますか お恥《は》ずかしい限《かぎ》りで……
於一《おいち》か まだ その方《ほう》の許《もと》に おるのか?
薩摩《さつま》おごじょにて……
十六ですが 嫁入《よめい》りより 学問《がくもん》に夢中《むちゅう》でして……
ほオ・・・
………
ならば その娘《むすめ》 私《わたし》に くれぬか?
ええ!?
於一《おいち》の好《す》きそうな物《もの》を贈《おく》ろう
はは
よろしく伝《つた》えてくれ
斉彬《なりあきら》さまからだ
わあぁ!! 日本外史《にほんがいし》だ!!

鶴丸城《つるまるじょう》…現在《げんざい》の鹿児島県鹿児島市《かごしまけんかごしまし》にあった城《しろ》。鹿児島城《かごしまじょう》とも。

鶴丸城《つるまるじょう》
於一《おいち》（16歳《さい》）
於朝《おあさ》
（御一門《ごいちもん》の娘《むすめ》 13歳《さい》）
於哲《おてつ》
（御一門《ごいちもん》の娘《むすめ》 13歳《さい》）
そなたらの中《なか》に江戸《えど》に行《い》きたい者《もの》はおるか？
はい！
ぱっ
ええ!?

御一門《ごいちもん》…薩摩藩主《さつまはんしゅ》・島津家《しまづけ》の分家《ぶんけ》、重富《しげとみ》・加治木《かじき》・垂水《たるみ》・今和泉《いまいずみ》の四家《け》。

あては行《い》ってみとう ございます！ 江戸《えど》とは どんな所《ところ》に ございますか？
万事《ばんじ》にぎやかな所《ところ》だ 薩摩《さつま》の城下町《じょうかまち》を 十集《あつ》めたよりも まだ大《おお》きい
江戸《えど》…
ワクワク…
いろいろな世界《せかい》を 見《み》てみとう ございます！
……於一《おいち》 その願《ねが》い叶《かな》えよう わしが沙汰《さた》するまで これまでのように 学問《がくもん》に励《はげ》むがよい
よろしく お願《ねが》い いたします！

沙汰《さた》…決定《けってい》や命令《めいれい》。

嘉永《かえい》六(1853)年《ねん》
今和泉家《いまいずみけ》
ハァ…
あれから二年《ねん》—— 江戸《えど》に連《つ》れて行《い》くなど 斉彬様《なりあきらさま》の ご冗談《じょうだん》だったのかのう……
於一《おいち》 大事《だいじ》な話《はなし》がある
はい
おはんは殿様《とのさま》の娘《むすめ》として公方様《くぼうさま》の世子様《せいしさま》に嫁《とつ》ぐのだ
は？
今《いま》…… なんと？
次《つぎ》の将軍様《しょうぐんさま》のご正室《せいしつ》にとのことじゃ
なぜ あてが!?
斉彬様《なりあきらさま》の「江戸《えど》に連《つ》れていく」って——！
殿様《とのさま》は おはんをひどくお気《き》に入《い》りじゃ
どうしてかは おいには ようわからん

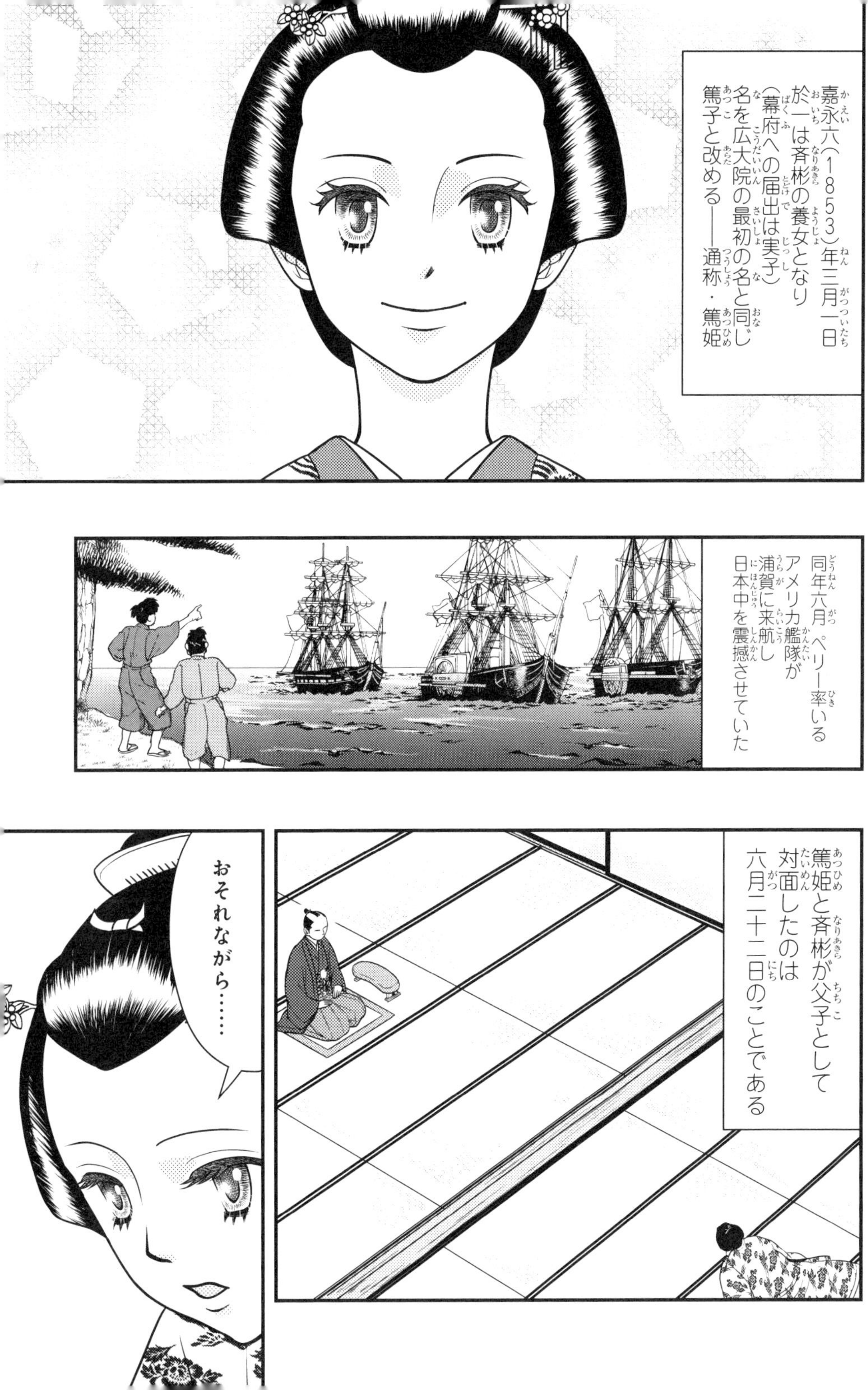
嘉永《かえい》六(1853)年《ねん》三月一日《がっついたち》
於一《おいち》は斉彬《なりあきら》の養女《ようじょ》となり
(幕府《ばくふ》への届出《とどけで》は実子《じっし》)
名《な》を広大院《こうだいいん》の最初《さいしょ》の名《な》と同《おな》じ
篤子《あっこ》と改《あらた》める——通称《つうしょう》・篤姫《あつひめ》
同年《どうねん》六月《がつ》ペリー率《ひき》いる
アメリカ艦隊《かんたい》が
浦賀《うらが》に来航《らいこう》し
日本中《にほんじゅう》を震撼《しんかん》させていた
篤姫《あつひめ》と斉彬《なりあきら》が父子《ちちこ》として
対面《たいめん》したのは
六月《がつ》二十二日《にち》のことである
おそれながら……

スッ
スト…
面《おもて》を上《あ》げて言《い》うてみよ
ツ…
なして あてなのですか？
なして あてが 次《つぎ》の公方様《くぼうさま》の ご正室《せいしつ》に——!?
フッ
公儀《こうぎ》からは「とにかく活《い》きのいいのを」と頼《たの》まれてな
？
はあ？
公方様《くぼうさま》のご世子《せいし》の 家祥様《いえさきさま》は ご病弱《びょうじゃく》であられ 京都《きょうと》から迎《むか》えた ご正室《せいしつ》も 体《からだ》が弱《よわ》く夭折《ようせつ》しておられる

公儀《こうぎ》…幕府《ばくふ》のこと。 夭折《ようせつ》…年若《としわか》くして死《し》ぬこと。

そこで　丈夫《じょうぶ》で多《おお》くのお子《こ》の母《はは》になられた広大院様《こうだいいんさま》にあやかりたいとお考《かんが》えのようだ
広大院《こうだいいん》様《さま》！
ハッ
それで薩摩《さつま》から……
無論《むろん》　御台所《みだいどころ》に　ふさわしい行儀《ぎょうぎ》作法《さほう》は必要《ひつよう》じゃ
じゃが　こたびの話《はなし》は薩摩《さつま》おごじょの　そなたこそふさわしいと思《おも》うておる
……はぁ
あれほど江戸《えど》に行《い》きたがっておったではないか
覚《おぼ》えておいでで ございもすか！

江戸《えど》には異国船《いこくせん》が来《き》ているとか……
江戸《えど》が火《ひ》の海《うみ》になると皆騒《みなさわ》いでおります
ペリーじゃな それもあって そなたじゃ
今《いま》は国難《こくなん》の時《とき》 賢《かしこ》く明《あか》るい おごじょなら
お世継《よつ》ぎ様《さま》を この国《くに》を救《すく》えよう
どうじゃ
はい
しかし 篤姫《あつひめ》と斉彬《なりあきら》の対面《たいめん》と同《おな》じ日《ひ》に 十二代将軍《だいしょうぐん》・家慶《いえよし》が急死《きゅうし》し 婚儀《こんぎ》は延期《えんき》された
国難《こくなん》の日本《にほん》は 十三代将軍《だいしょうぐん》となった 家定《いえさだ》(家祥《いえさき》より改名《かいめい》)に 託《たく》された

第《だい》二章《しょう》　御台所《みだいどころ》として
篤姫《あつひめ》はその年《とし》の八月《がつ》に江戸《えど》に向《む》けて薩摩《さつま》を出立《しゅったつ》し途中《とちゅう》　京《きょう》の薩摩藩邸《さつまはんてい》に入《はい》る
近衛家《このえけ》にお仕《つか》えいたしております幾島《いくしま》でございます
幾島《いくしま》
将軍《しょうぐん》の御台所《みだいどころ》は本来《ほんらい》宮家《みやけ》か公家《くげ》の摂家《せっけ》よりお迎《むか》えするもの
田舎育《いなかそだ》ちの姫様《ひめさま》が大奥《おおおく》でお恥《はじ》をかかれませぬようご指南役《しなんやく》を拝命《はいめい》いたしました
ムッ
行儀作法《ぎょうぎさほう》の一通《ひととお》りは身《み》につけております
……畳《たたみ》の縁《へり》を踏《ふ》んではならぬことはご存知《ぞんじ》ですか？
無論《むろん》じゃ
どうして踏《ふ》んではならぬのですか？
いァ　それは……

近衛家《このえけ》…名門公家《めいもんくげ》のなかでも、摂政《せっしょう》や関白《かんぱく》に任《にん》じられる「摂家《せっけ》」のさらに筆頭《ひっとう》。

大奥《おおおく》…江戸城《えどじょう》の、将軍《しょうぐん》の妻《つま》や侍女《じじょ》たちが住《す》む所《ところ》。

畳《たたみ》の縁《へり》には刃物《はもの》が仕込《しこ》んであるかもしれぬからです
下《した》から突《つ》いてくることもあるやもしれませぬ
さように恐《おそ》ろしい理由《りゆう》なのか!?
――とも言《い》われております
大奥《おおおく》を統《す》べる御台所《みだいどころ》ならばあらゆる事態《じたい》を想定《そうてい》せねば
ぐっ…
本当《ほんとう》によいのか？こちらは本身《ほんみ》じゃぞ？
素人《しろうと》の本身《ほんみ》など絹《きぬ》と変《か》わりませぬ

本身《ほんみ》…本物《ほんもの》の刃《やいば》。

やあっ
ダッ
スッ
ザッ
バシッ
あっ
くっ
私《わたし》は武芸《ぶげい》を見込《みこ》まれて大奥《おおおく》へ嫁《とつ》ぐわけではない！
武芸者《ぶげいしゃ》になる必要《ひつよう》はございませぬ
しかし 大奥《おおおく》でおのれを磨《みが》き上《あ》げてきた女《おんな》たちを治《おさ》める《ま》には武芸者《ぶげいしゃ》に負《ま》けぬ胆力《たんりょく》が必要《ひつよう》です
ぐっ…

私《わたし》を御台所《みだいどころ》にふさわしい姫《ひめ》にしてみせよ！
ゲホッ
ゲホッ
……御台所《みだいどころ》になるにはこのようなことまでせねばならぬのか？
体験《たいけん》したことがなければ 下々《しもじも》を正しく監督《かんとく》することはできませぬ
私《わたし》が江戸《えど》に参《まい》るまでの間《あいだ》も修練《しゅうれん》ください

同年《どうねん》十月《がつ》に篤姫《あつひめ》は
江戸《えど》・芝《しば》の薩摩藩邸《さつまはんてい》に入《はい》り
その二年後《ねんご》 やっと婚儀《こんぎ》が
本決《ほんぎ》まりになったが――
芝《しば》…現在《げんざい》の東京都港区芝《とうきょうとみなとくしば》。
グラ
バッ
グラ…
何事《なにごと》じゃ!?
姫様《ひめさま》!
嫁入《よめいり》の道具《どうぐ》が…
安政《あんせい》二（1855）年《ねん》
十月二日《がつふつか》の安政《あんせい》の大地震《おおじしん》により
婚儀《こんぎ》はさらに延期《えんき》された

公卿《くぎょう》…公家《くげ》のうち位階《いかい》が「従三位《じゅさんみ》」より上《うえ》か、官職《かんしょく》が「参議《さんぎ》」以上《いじょう》の者《もの》。

江戸城《えどじょう》…現在《げんざい》の東京都千代田区《とうきょうとちよだく》にあった城《しろ》。

地震《じしん》の後《あと》 篤姫《あつひめ》は
被害《ひがい》の少《すく》なかった
渋谷藩邸《しぶやはんてい》に移《うつ》った
斉彬《なりあきら》は地震《じしん》で失《うしな》った
婚礼道具《こんれいどうぐ》を改《あらた》めて
整《ととの》えさせた
呉服屋《ごふくや》
その手配《てはい》に
駆《か》けずり回《まわ》ったのが
薩摩藩士《さつまはんし》の西郷吉之助《さいごうきちのすけ》
——後《のち》の隆盛《たかもり》である
西郷吉之助《さいごうきちのすけ》（隆盛《たかもり》）
篤姫《あつひめ》が江戸《えど》に来《き》てから
三年《ねん》——
嘉永《かえい》七（1854）年《ねん》三月《がつ》には
日米和親条約《にちべいわしんじょうやく》が結《むす》ばれるなど
幕府《ばくふ》は多《おお》くの難題《なんだい》を抱《かか》えていた
婚儀《こんぎ》がやっと正式《せいしき》に決定《けってい》し
安政《あんせい》三（1856）年《ねん》七月七日《がつなのか》に
篤姫《あつひめ》は公卿《くぎょう》の近衛忠煕《このえただひろ》の養子《ようし》となり
名《な》を敬子《すみこ》と改《あらた》める
近衛忠煕《このえただひろ》
同年《どうねん》十一月十日《がつとおか》
渋谷藩邸《しぶやはんてい》
いよいよ明日《あす》は
江戸城《えどじょう》入《い》りじゃ

渋谷《しぶや》…現在《げんざい》の東京都渋谷区渋谷《とうきょうとしぶやくしぶや》。

日米和親条約《にちべいわしんじょうやく》…アメリカ船《せん》の燃料《ねんりょう》や食料供給《しょくりょうきょうきゅう》のため、下田《しもだ》・箱館《はこだて》を開港《かいこう》し、領事《りょうじ》を置《お》くことなどが規定《きてい》された。

大奥《おおおく》に入《はい》る そちに申《もう》しておくことがある
はい
……
スッ
家定様《いえさだざま》はお体《からだ》が弱《よわ》く そなたとの間《あいだ》には子《こ》ができぬやもしれぬ
もし そなたがお子《こ》を産《う》んでもその子《こ》が将軍《しょうぐん》にお成《な》りになるのはずっと先《さき》のことじゃ
ん～…
あ…

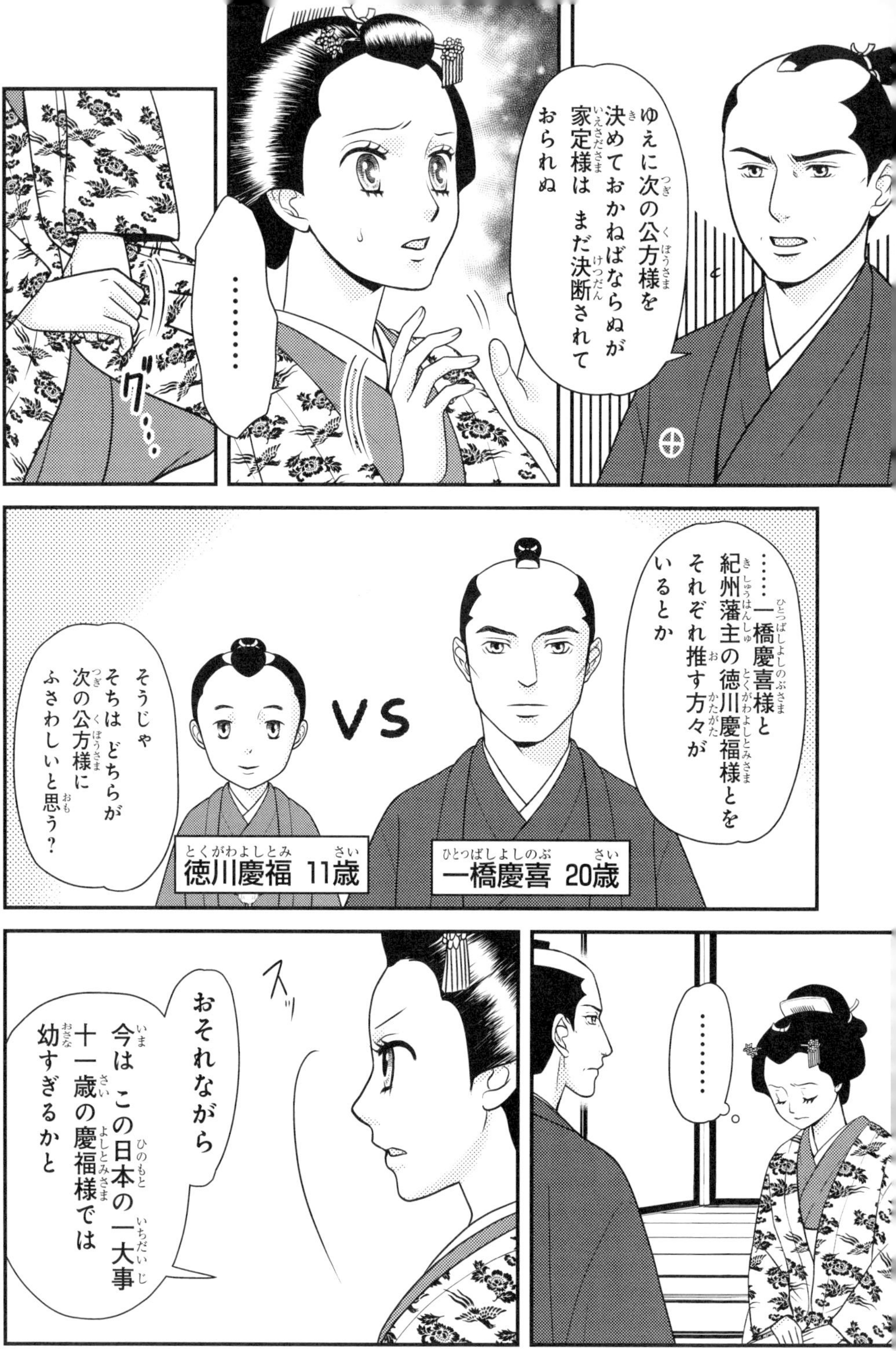
ゆえに次《つぎ》の公方様《くぼうさま》を
決《き》めておかねばならぬが
家定様《いえさださま》は まだ決断《けつだん》されて
おられぬ
……………
グ…
……一橋慶喜様《ひとつばしよしのぶさま》と
紀州藩主《きしゅうはんしゅ》の徳川慶福様《とくがわよしとみさま》とを
それぞれ推《お》す方々《かたがた》が
いるとか
VS
一橋慶喜《ひとつばしよしのぶ》 20歳《さい》
徳川慶福《とくがわよしとみ》 11歳《さい》
そうじゃ
そちは どちらが
次《つぎ》の公方様《くぼうさま》に
ふさわしいと思《おも》う？
……………
スッ
おそれながら
今《いま》は この日本《ひのもと》の一大事《いちだいじ》
十一歳《さい》の慶福様《よしとみさま》では
幼《おさな》すぎるかと

紀州藩《きしゅうはん》…現在《げんざい》の和歌山県《わかやまけん》和歌山市《わかやまし》に藩庁《はんちょう》を置《お》いた藩《はん》。御三家《ごさんけ》の一《ひと》つ。

それに対《たい》して
慶喜様《よしのぶさま》は
英邁《えいまい》の
誉《ほま》れ高《たか》いお方《かた》
公方様《くぼうさま》に
ふさわしいかと
そうか……
同《おな》じことを公方様《くぼうさま》に
申《もう》し上《あ》げることが
できるか？
私《わたくし》に公方様《くぼうさま》を
説得《せっとく》せよ……
と
そのとおりじゃ……
だが 大奥《おおおく》は慶福《よしとみ》派《は》で
固《かた》められておる
そなたは
ただ一人《ひとり》で敵陣《てきじん》に
乗《の》り込《こ》むのだ

英邁《えいまい》……才知《さいち》が特別《とくべつ》に優《すぐ》れていること。

一人《ひとり》ではございませぬ
幾島《いくしま》もおります 何《なに》より……
お父上《ちちうえ》が見守《みまも》ってくださいます
よくぞ申《もう》した
こちらからもできる限《かぎ》りのことはする
パシッ
だが 最後《さいご》はそなた一人《ひとり》にかかっておる
微力《びりょく》ながら全力《ぜんりょく》を尽《つ》くします

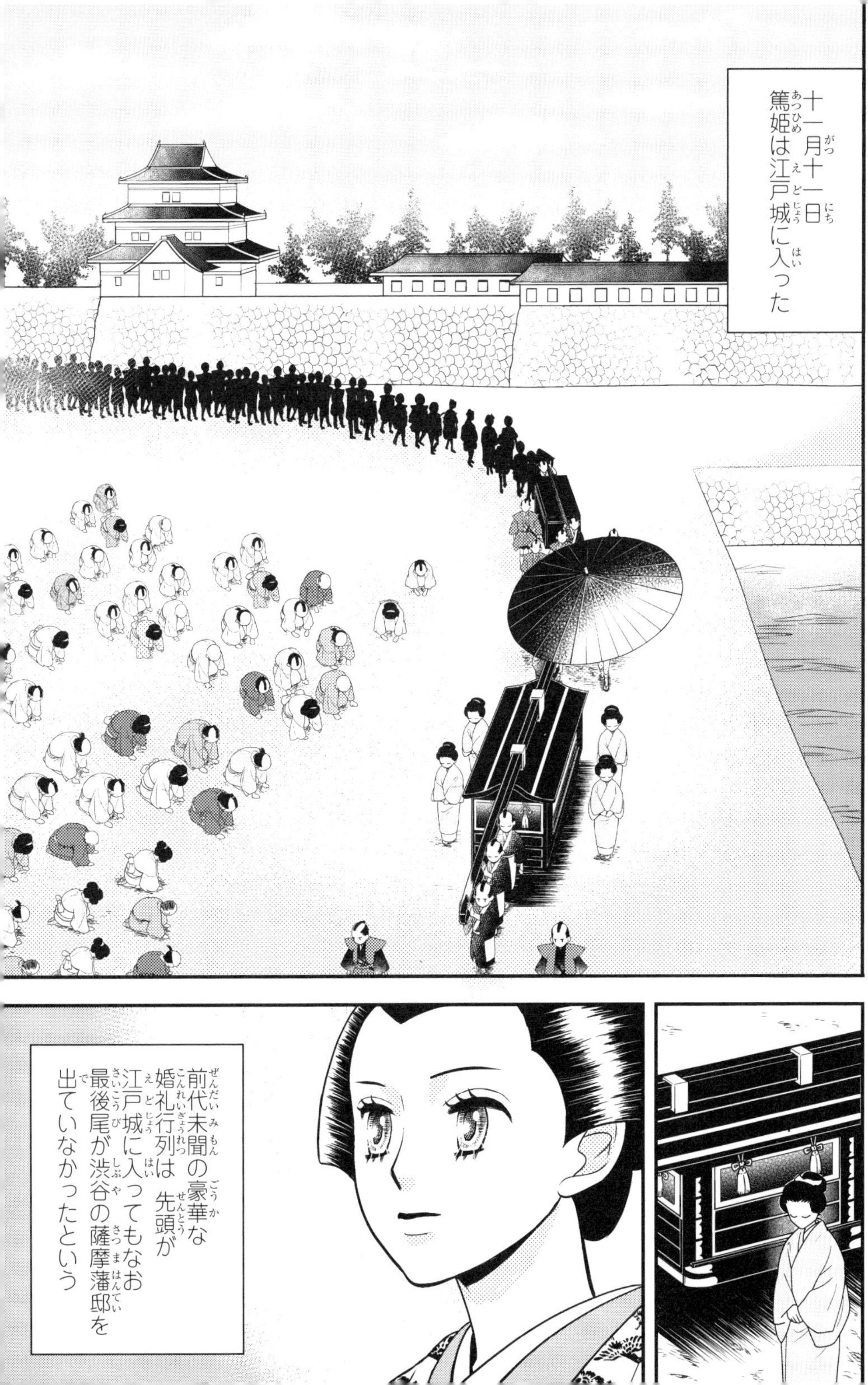
十一月《がつ》十一日《にち》
篤姫《あつひめ》は江戸城《えどじょう》に入《はい》った
前代未聞《ぜんだいみもん》の豪華《ごうか》な
婚礼行列《こんれいぎょうれつ》は　先頭《せんとう》が
江戸城《えどじょう》に入《はい》ってもなお
最後尾《さいこうび》が渋谷《しぶや》の薩摩藩邸《さつまはんてい》を
出《で》ていなかったという

……西郷《さいごう》
嫁入《よめい》り道具《どうぐ》の手配《てはい》
ご苦労《くろう》であった
身《み》に余《あま》るお言葉《ことば》
ありがたき幸《しあわ》せに
存《ぞん》じもす
スッ
……わしは
お篤《あつ》に
つらい役目《やくめ》を
与《あた》えてしまった
…………
次《つぎ》の公方様《くぼうさま》のことで
ございもすか
子《こ》がなせるか
わからぬのは
おなごとして
つらかろう……
だがな
わしは
信《しん》じておる
お篤《あつ》ならば
必《かなら》ずや……

殿様《とのさま》に　ここまでの
ご信頼《しんらい》をいただく
篤姫様《あつひめさま》とは
どのようなお方《かた》か……
江戸城《えどじょう》
十二月《がつ》十八日《にち》
婚礼《こんれい》の儀《ぎ》が
執《と》り行《おこな》われた
やっと
お会《あ》いすることが
できました
ドキ
ドキ
これからは一生《いっしょう》
あなた様《さま》と……
スッ

くわ～～～っ
ムクッ
……飽《あ》いた
スタスタ…
ボ～ゼン……

はっ
スッ
上様《うえさま》！
私《わたくし》は上様《うえさま》の
妻《つま》にございます
どこまでも一緒《いっしょ》に
参《まい》ります

ドキ
ドキ…
ドキ
ドキ
パッ
シ――ン
上様《うえさま》？
そ――っ…
ス――…
ス――…

婚礼《こんれい》の夜《よる》に
寝《ね》てしまわれるとは
まさか上様《うえさま》は……
鳥《とり》は……
水《みず》の中《なか》にいるのに
濡《ぬ》れぬのか……
じーーっ
ばっ
また奇行《きこう》じゃ！
上様《うえさま》は やはり
暗愚《あんぐ》なのか!?
暗愚《あんぐ》…おろかなこと。

上様《うえさま》……
御台《みだい》も手伝《てつだ》ってくれ!
そっちへいったぞ!!
バシャ
バシャ
はっ
そうだ とにかく飛《と》び込《こ》んでみよう
はい!
上様《うえさま》のお心《こころ》に!
たしかに
濡《ぬ》れてないですね
だろ
上様《うえさま》は暗愚《あんぐ》などではない
でかした!!
お気持《きも》ちを表現《ひょうげん》するのが苦手《にがて》なだけなのだ
私《わたし》が家定様《いえさだ》をお支《ささ》えする!

慶喜様《よしのぶさま》を継嗣《けいし》にと
斉彬様《なりあきらさま》と力《ちから》を合《あ》わせてきた
老中《ろうじゅう》の阿部様《あべさま》が
お亡《な》くなりに……
これからは
姫一人《ひめひとり》の お働《はたら》きに
かかってまいります
いつかは家定様《いえさださま》に
次《つぎ》の将軍《しょうぐん》の話《はなし》を
せねばならぬ
でも……
そなたに
かかっておる
阿部《あべ》の死《し》は開国問題《かいこくもんだい》を
いっそう難《むずか》しいものにした
どうなさい
ました
御台《みだい》……
余《よ》はな……
いやなんじゃ
疲《つか》れる
ハァ〜〜ッ
上様《うえさま》が私《わたくし》に
弱音《よわね》を……
ハリスという夷狄《いてき》の者《もの》に
会《あ》わねばならぬのじゃ
えっ！

夷狄《いてき》…外国人《がいこくじん》を敵意《てきい》を持《も》って呼《よ》ぶ語《ご》。

上様《うえさま》なら大丈夫《だいじょうぶ》です!!
うれしい!
御台《みだい》本当《ほんとう》にそう思《おも》うか!?
パッ
あ!
薩摩《さつま》には疲《つか》れた時《とき》の「いいもの」があります
家定《いえさだ》は無事《ぶじ》にハリスとの会見《かいけん》を終《お》えた
大奥《おおおく》会見《かいけん》の間《ま》
上様《うえさま》にはご機嫌《きげん》うるわしゅう……
一橋慶喜《ひとつばしよしのぶ》

じっ…
これが慶喜様《よしのぶさま》——？
ムッした…！？
………
慶喜様《よしのぶさま》ってすてきね
ヒソヒソ…
……余《よ》は不快《ふかい》である下《さ》がれ
ムッ
上様《うえさま》 一橋派《ひとつばしは》から「慶喜様《よしのぶさま》を継嗣《けいし》に」との建白書《けんぱくしょ》が……島津斉彬様《しまづなりあきらさま》のお名前《なまえ》も……
御台《みだい》がいるのになぜじゃ子《こ》は御台《みだい》が産《う》むわ
ムッ
奥《おく》へ参《まい》る

建白書《けんぱくしょ》…政府《せいふ》や上役《うわやく》などに自分《じぶん》の意見《いけん》を申《もう》し立《た》てた書面《しょめん》。

御台所様《みだいどころさま》それは？
やっと薩摩《さつま》の父上《ちちうえ》から届《とど》いたのじゃ
薩摩《さつま》の黒砂糖《くろざとう》疲《つか》れた時《とき》の「いいもの」じゃ 持《も》って行《い》けぬものか……
閨《ねや》には何《なに》も持《も》ち込《こ》めぬのが決《き》まり
されど…… 御年寄《おとしより》の瀧山《たきやま》になんとか頼《たの》んでみましょう
薩摩《さつま》のお父上《ちちうえ》のお気持《きも》ちをお忘《わす》れなきよう……

閨《ねや》…寝室《しんしつ》。
御年寄《おとしより》…大奥《おおおく》を取《と》り仕切《しき》る、奥女中《おくじょちゅう》の重職《じゅうしょく》。

……上様《うえさま》
どうした
上様《うえさま》は　ご世子《せいし》について　いかが　お考《かんが》えですか？
慶喜様《よしのぶさま》を継嗣《けいし》に――
慶喜様《よしのぶさま》ってすてきね
……………
ギリ…
上様《うえさま》？

うるさーーい!!
将軍《しょうぐん》はここにおる!!
キッ
上様《うえさま》!?
御台《みだい》まで
御台《みだい》まで……!
ドカッドカ‥
上様《うえさま》!申《もう》し訳《わけ》ございませぬ!
上様《うえさま》!
あ……

……そなた 閨《ねや》で 上様《うえさま》に願《ねが》いごとを したそうじゃな
本寿院《ほんじゅいん》
本寿院《ほんじゅいん》は家定《いえさだ》の生母《せいぼ》で 大奥《おおおく》の実質的《じっしつてき》な 最高権力者《さいこうけんりょくしゃ》である
申《もう》し訳《わけ》 ございませぬ ただ……
黙《だま》らっしゃい！
閨《ねや》での願《ねが》いごとは 大奥《おおおく》の大禁《たいきん》 それを破《やぶ》るからには それなりの覚悟《かくご》あっての ことであろうな？
それは……

大禁《たいきん》…厳《きび》しく禁止《きんし》されていること。

そなたの父《ちち》 斉彬《なりあきら》どのが一橋慶喜《ひとつばしよしのぶ》どのをご世子《せいし》に推《お》しておるのは存《ぞん》じておる
そなたはその手先《てさき》として大奥《おおおく》に潜《もぐ》り込《こ》んだのであろう
そんな……
上様《うえさま》をお支《ささ》えせず何《なに》が御台所《みだいどころ》か!
上様《うえさま》のご継嗣《けいし》をそなたの思《おも》い通《どお》りになどさせぬ!
まったく上様《うえさま》がお気《き》の毒《どく》じゃ

あのようなことを申《もう》すのではなかった……
けれど お父上《ちちうえ》のお考《かんが》えもお伝《つた》えせねば……
黒砂糖《くろざとう》 上様《うえさま》と一緒《いっしょ》に食《た》べたかったのに……
上様《うえさま》のお渡《わた》りはこれからもないのか？
本寿院様《ほんじゅいんさま》の命《めい》です この度《たび》の儀《ぎ》は相成《あいな》りませぬ
どうぞ お控《ひか》えくださいませ
御年寄《おとしより》 瀧山《たきやま》
お考《かんが》えを改《あらた》めぬ限《かぎ》りならぬと

どうしたのです
パチ
パチ…
あっ
久《ひさ》しぶりだな
パチ
パチ…
薩摩《さつま》ではよく炒《い》り豆《まめ》を作《つく》ったものです
余《よ》はなかすていらも得意《とくい》なのじゃぞ？
まあ！薩摩《さつま》から黒砂糖《くろざとう》が届《とど》いております
今度《こんど》それで作《つく》りませんか

かすていら…カステラ。

……母上《ははうえ》は余《よ》が心配《しんぱい》なだけなのじゃ
……御台《みだい》
上様《うえさま》をお支《ささ》えせず何《なに》が御台所《みだいどころ》か！
あ……
私《わたくし》が なすべきことは……
そっ
よう わかりました 上様《うえさま》
上様《うえさま》を お支《ささ》えすること……！

これは 上様《うえさま》
御老中《ごろうじゅう》見廻《みまわ》りか ご苦労《くろう》である 余《よ》が手《て》ずから炒《い》った 豆《まめ》をつかわす
老中《ろうじゅう》 堀田正睦《ほったまさよし》
ホレッ
あつっ
ホレ
ホレ
私《わたくし》も ともに背負《せお》いたい この方《かた》の重荷《おもに》を……!
逃《に》げるでない! 私《わたくし》からも つかわすぞ!
アハハハ

安政五《あんせい》（1858）年《ねん》
六月頃《がつごろ》
家定《いえさだ》は病《やまい》に倒《たお》れる
余《よ》はそなたに会《あ》えて本当《ほんとう》にうれしかったぞ
どちらを我《われ》らの子《こ》とする？慶喜《よしのぶ》か？慶福《よしとみ》か？
上様《うえさま》……
言《い》わなくては慶喜《よしのぶ》どのを次《つぎ》の将軍《しょうぐん》にと……
これは本寿院様《ほんじゅいんさま》

パッ
上様《うえさま》……
……上様《うえさま》
ご世子《せいし》は慶福《よしとみ》どのと
慶喜《よしのぶ》どの どちらに
なさいますか？
キッ
何《なに》も このような
時《とき》に……！
上様《うえさま》
お答《こた》えを……
慶福《よしとみ》じゃ……
我《われ》らの子《こ》は……
慶福《よしとみ》……
上様《うえさま》……

御台《みだい》どの——
——はい
ご継嗣《けいし》は慶福様《よしとみさま》……！
六月《がつ》二十五日《にち》
慶福《よしとみ》（後《のち》の家茂《いえもち》）は
正式《せいしき》に将軍継嗣《しょうぐんけいし》となった
そして七月六日《がつむいか》
家定《いえさだ》はこの世《よ》を去《さ》る
篤姫《あつひめ》を さらに悲劇《ひげき》が襲《おそ》う
わずか十日後《とおかご》の七月《がつ》十六日《にち》に
斉彬《なりあきら》が薩摩《さつま》で亡《な》くなった との
知《し》らせが届《とど》くのである
斉彬様《なりあきらさま》の使命《しめい》も
果《は》たせぬまま……
今度《こんど》は斉彬様《なりあきらさま》まで……！

八月《がつ》二十九日《にち》
篤姫《あつひめ》は落飾《らくしょく》して
「天璋院《てんしょういん》」と名乗《なの》る
十四代将軍《だいしょうぐん》となった
家茂《いえもち》が天璋院《てんしょういん》との
会見《かいけん》のため大奥《おおおく》を
訪《おとず》れた
……お初《はつ》に
お目《め》にかかります
母上《ははうえ》
徳川慶福《とくがわよしとみ》あらため
家茂《いえもち》(13歳《さい》)

落飾《らくしょく》…高貴《こうき》な人《ひと》が髪《かみ》をそり落《お》として仏門《ぶつもん》に入《はい》ること。女性《じょせい》はそらずに髪《かみ》を短《みじか》くすることが多《おお》い。

母上《ははうえ》？
我《われ》らの子《こ》は
慶福《よしとみ》じゃ……

はい　母上《ははうえ》
……そうじゃ
私《わたくし》には　徳川家《とくがわけ》の嫁《よめ》として
なすべき務《つと》めがある
では　母《はは》として
家茂様《いえもちさま》にお伝《つた》えせねば
ならぬことがあります

今《いま》この国《くに》は とても大《おお》きな 困難《こんなん》に直面《ちょくめん》して おります
はい
今年《ことし》の六月《がつ》に 大老《たいろう》の井伊直弼《いいなおすけ》が 日米修好通商条約《にちべいしゅうこうつうしょうじょうやく》を 結《むす》びましたが
朝廷《ちょうてい》に無断《むだん》だったこともあり 強《つよ》い反発《はんぱつ》を招《まね》いております
井伊《いい》は敵対《てきたい》する者《もの》たちの 投獄《とうごく》や処刑《しょけい》を行《おこな》いましたが 御公儀《ごこうぎ》への憎悪《ぞうお》は 高《たか》まるばかり
このままでは この日本《ひのもと》を 二分《にぶん》する内戦《ないせん》が 起《お》きかねませぬ
内戦《ないせん》につけこみ 欧米列強《おうべいれっきょう》は わが国《くに》を植民地《しょくみんち》と するかもしれませぬ——
アヘン戦争《せんそう》で香港《ホンコン》などを 割譲《かつじょう》させられた 清国《しんこく》のように

日米修好通商条約《にちべいしゅうこうつうしょうじょうやく》…日本《にほん》とアメリカの間《あいだ》で通商《つうしょう》・航海《こうかい》などに関《かん》して結《むす》ばれた条約《じょうやく》。

割譲《かつじょう》…領土《りょうど》の一部《いちぶ》を他国《たこく》に譲《ゆず》り渡《わた》すこと。

大老《たいろう》…将軍《しょうぐん》を補佐《ほさ》する、臨時《りんじ》の江戸幕府《えどばくふ》最高職《さいこうしょく》。

家茂様《いえもちさま》の下《もと》
徳川《とくがわ》の結束《けっそく》を固《かた》め
国内《こくない》を二分《にぶん》しないこと
また 欧米列強《おうべいれっきょう》に学《まな》び
異国《いこく》と同等《どうとう》の技術力《ぎじゅつりょく》を備《そな》え
異国《いこく》からこの国《くに》を守《まも》ること
私《わたくし》が
このお方《かた》を
守《まも》らねば……！
家茂様《いえもちさま》には
この国《くに》を守《まも》る使命《しめい》が
ございます
……はい
母上《ははうえ》！

列強《れっきょう》…力《ちから》の強《つよ》い国々《くにぐに》。

第《だい》三章《しょう》　和宮《かずのみや》降嫁《こうか》

安政《あんせい》七（1860）年
三月三日《がつみっか》
江戸城《えどじょう》へ登城《とじょう》途中《とちゅう》の
井伊大老《いいたいろう》が水戸藩《みとはん》脱藩《だっぱん》の
浪士《ろうし》たちに暗殺《あんさつ》された
「桜田門外《さくらだもんがい》の変《へん》」
である
この事件《じけん》により
幕府《ばくふ》の権威《けんい》は地《ち》に落《お》ち
尊王攘夷《そんのうじょうい》の機運《きうん》が
大《おお》いに高《たか》まっていく
上様《うえさま》……
幕府《ばくふ》への反発《はんぱつ》を
抑《おさ》えるには
朝廷《ちょうてい》と幕府《ばくふ》を
一《ひと》つにする
公武合体《こうぶがったい》しか
ございませぬ
帝《みかど》の妹君《いもうとぎみ》を
御台所《みだいどころ》に
お迎《むか》えください
なにとぞ！
ようわかった
幕府《ばくふ》のため
日本《ひのもと》のため
皇女様《こうじょさま》を御台所《みだいどころ》に
お迎《むか》えしよう

浪士《ろうし》…仕《つか》える主人《しゅじん》のいない武士《ぶし》。浪人《ろうにん》。

尊王攘夷《そんのうじょうい》…天皇《てんのう》を尊《たっと》び、外国人《がいこくじん》を追《お》い払《はら》う思想《しそう》。

公武合体《こうぶがったい》…朝廷《ちょうてい》と幕府《ばくふ》が一体《いったい》となること。

上様《うえさま》……皇女様《こうじょさま》のお輿入《こしい》れもまもなくですね
はい 多《おお》くの者《もの》が幕府《ばくふ》は天朝《てんちょう》を ないがしろにしていると思《おも》っております
私《わたし》が皇女《こうじょ》と結婚《けっこん》することで公武《こうぶ》が合体《がったい》し
日本《ひのもと》の力《ちから》を一《ひと》つにできるのです
家茂《いえもち》どの……
ご立派《りっぱ》に……！
母上様《ははうえさま》？
いえ なんでもございませぬ

輿入《こしい》れ…高貴《こうき》な人《ひと》の嫁入《よめい》り。
天朝《てんちょう》…朝廷《ちょうてい》のこと。

文久《ぶんきゅう》二（1862）年《ねん》
二月《がつ》十一日《にち》 将軍《しょうぐん》・家茂《いえもち》は
天皇《てんのう》の妹《いもうと》である和宮《かずのみや》との
婚儀《こんぎ》を執《と》り行《おこな》った
朝廷《ちょうてい》の権威《けんい》を借《か》りて
幕府《ばくふ》の権威《けんい》を
取《と》り戻《もど》そうという
苦肉《くにく》の策《さく》である
和宮《かずのみや》
ニコッ
パッ

大奥《おおおく》
和宮様《かずのみやさま》からの贈《おく》り物《もの》でございます
目録《もくろく》でございます
パラ…
「天璋院《てんしょういん》へ」……
まあ！自分《じぶん》の姑《しゅうとめ》を呼《よ》び捨《す》てとは！
……お鎮《しず》まりなさい
和宮様《かずのみやさま》は宮中《きゅうちゅう》から嫁入《よめい》りしたばかりで武家《ぶけ》の作法《さほう》がおわかりでないのです

でも……大奥《おおおく》でも「何事《なにごと》も御所風《ごしょふう》に」と約束《やくそく》させたとか
幕府《ばくふ》と朝廷《ちょうてい》が共《とも》に手《て》を携《たずさ》えるため嫁《とつ》がれたのでしょう？
「御所風《ごしょふう》」を通《とお》されたら「共《とも》に」など無理《むり》です
そもそも「尊王《そんのう》」とか騒《さわ》ぐ者《もの》たちが幕府《ばくふ》に従《したが》わぬゆえ国《くに》が乱《みだ》れておるのです
これ言葉《ことば》が過《す》ぎる
されど
！
和宮様《かずのみやさま》にはご機嫌《きげん》うるわしゅう
和宮様《かずのみやさま》は上段《じょうだん》で上様《うえさま》を迎《むか》えたとか 先《さき》に挨拶《あいさつ》するのも上様《うえさま》 将軍家《しょうぐんけ》を見下《みくだ》す態度《たいど》に皆《みな》が憤《いきどお》っております

………
まあ 宮様《みやさま》が 下座《しもざ》で茵《しとね》も ないなんて ……‼
お座《すわ》りなさい 和宮様《かずのみやさま》

茵《しとね》…畳《たたみ》の上《うえ》に敷《し》いて座《すわ》る敷物《しきもの》。

徳川《とくがわ》に降嫁《こうか》された意味《いみ》をお考《かんが》えください
異国船《いこくせん》が現《あらわ》れてより尊王《そんのう》・攘夷《じょうい》・佐幕《さばく》・討幕《とうばく》と国中《くにじゅう》が乱《みだ》れています
今《いま》 大切《たいせつ》なのは秩序《ちつじょ》を取《と》り戻《もど》すこと—— 大奥《おおおく》に入《はい》られたからには大奥《おおおく》の約束事《やくそくごと》を守《まも》っていただかねばなりません
和宮様《かずのみやさま》が徳川《とくがわ》の大奥《おおおく》と和《わ》することで国中《くにじゅう》に公武《こうぶ》の和《わ》を示《しめ》すのです

佐幕《さばく》…幕府《ばくふ》の存続《そんぞく》を支持《しじ》すること。

スッ
新御殿《しんごてん》（御台所《みだいどころ》・和宮《かずのみや》の居間《いま》）
勅使《ちょくし》の近衛《このえ》さんの護衛《ごえい》として薩摩《さつま》が江戸《えど》に来《き》たそうどすが……
一橋慶喜《ひとつばしよしのぶ》さんを将軍後見《しょうぐんこうけん》に越前《えちぜん》の松平春嶽《まつだいらしゅんがく》さんを大老《たいろう》にしなさい という命令《めいれい》を幕府《ばくふ》にしはったそうやわ

勅使《ちょくし》…天皇《てんのう》の使者《ししゃ》。越前《えちぜん》…現在《げんざい》の福井県北部《ふくいけんほくぶ》。

天璋院《てんしょういん》なんて近衛《このえ》さんのお使《つか》いしはってる薩摩《さつま》のおなごどっしゃろ
それが上座《かみざ》に座《すわ》って宮様《みやさま》に茵《しとね》も敷《し》かさんなんて……
悔《くや》しゅうて宮中《きゅうちゅう》に手紙《てがみ》で訴《うった》えましたえ
異国船《いこくせん》なんて帝《みかど》がおっしゃるように打《う》ち払《はら》ったらいいんどす
それを幕府《ばくふ》は……なんにもせんと意気地《いくじ》のない……
和宮様《かずのみやさま》が徳川《とくがわ》の大奥《おおおく》と和《わ》することで国中《くにじゅう》に公武《こうぶ》の和《わ》を示《しめ》すのです

母上《ははうえ》一橋慶喜《ひとつばしよしのぶ》が将軍後見職《しょうぐんこうけんしょく》に松平春嶽《まつだいらしゅんがく》が政事総裁職《せいじそうさいしょく》となり――
この国《くに》を世界《せかい》に通用《つうよう》する強国《きょうこく》にするための制度改革《せいどかいかく》を進《すす》めております
どのような？
参勤交代《さんきんこうたい》を緩《ゆる》め浮《う》いた資金《しきん》で洋式《ようしき》の軍艦《ぐんかん》を整《ととの》え国防《こくぼう》にあてます
西洋《せいよう》との対等《たいとう》な交渉《こうしょう》が実現《じつげん》できそうですね
それが……朝廷《ちょうてい》が攘夷《じょうい》をと……和宮降嫁《かずのみやこうか》の条件《じょうけん》だったとゆずりませぬ
戦争《せんそう》せよと!? まずは開国《かいこく》して国《くに》を富《と》ませ国力《こくりょく》をつけねば……
朝廷《ちょうてい》はいつまでそのようなことを……

将軍後見職《しょうぐんこうけんしょく》…幼少《ようしょう》または病弱《びょうじゃく》の将軍《しょうぐん》を補佐《ほさ》する臨時職《りんじしょく》。政事総裁職《せいじそうさいしょく》…大老《たいろう》と同等《どうとう》の職《しょく》。将軍家《しょうぐんけ》親族《しんぞく》の大名《だいみょう》が大老《たいろう》になった例《れい》がなく、新設《しんせつ》。

きっと 西洋《せいよう》を知《し》ろうと なさらないのでしょう 私《わたし》が説得《せっとく》に参《まい》ります
皆《みな》は「幕府《ばくふ》の権威《けんい》が下《さ》がる」と止《と》めますが 孝明天皇《こうめいてんのう》は和宮《かずのみや》の兄上《あにうえ》 話《はな》せば わかってくれると思《おも》うのです
孝明天皇《こうめいてんのう》
皆《みな》が一《ひと》つになるよう 将軍《しょうぐん》として努《つと》めます
なんと 立派《りっぱ》に……
和宮様《かずのみやさま》と共《とも》に 今《いま》の上様《うえさま》を お支《ささ》えせねば 我《われ》ら二人《ふたり》 争《あらそ》っていては ならぬのじゃ……

和宮様《かずのみやさま》 この冬空《ふゆぞら》に 素足《すあし》では寒《さむ》かろう
足袋《たび》を履《は》かれては どうじゃ
宮様《みやさま》は 何事《なにごと》も御所風《ごしょふう》で あらっしゃいます
宮中《きゅうちゅう》では 足袋《たび》を履《は》くには 主上《おかみ》のお許《ゆる》しが ないと……
ここは江戸《えど》じゃ そなたも徳川《とくがわ》の 嫁《よめ》として……
ホホホ
観行院《かんぎょういん》（和宮《かずのみや》の生母《せいぼ》）
徳川《とくがわ》さんは 嘘《うそ》ばっかりやなぁ
御所風《ごしょふう》を条件《じょうけん》に 降嫁《こうか》しましたのぇ 攘夷《じょうい》の約束《やくそく》も よう果《は》たさんで

主上《おかみ》…天皇《てんのう》のこと。

幕府《ばくふ》と朝廷《ちょうてい》に分《わ》かれ まるで今《いま》の日本《ひのもと》のようじゃ なんとかならぬものか
……西洋《せいよう》の船《ふね》の大《おお》きさを ご存知《ぞんじ》か？
さあ ちょっとは大《おお》きいと聞《き》きます けど
千石船《せんごくぶね》二十隻《せき》より黒船《くろふね》一隻《せき》のほうが大《おお》きいのですよ
では大砲《たいほう》は？
………
家茂様《いえもちさま》のお気持《きも》ちも知《し》らずに……！
西洋《せいよう》の大砲《たいほう》は一里《り》も飛《と》ぶそうです
そう 品川沖《しながわおき》から この江戸城《えどじょう》に届《とど》くのです
しかも落《お》ちた所《ところ》で爆発《ばくはつ》するのだとか
ドォンドォン
攘夷《じょうい》などと言《い》って 今《いま》の兵力《へいりょく》で欧米列強《おうべいれっきょう》に 戦《たたか》いを挑《いど》めば負《ま》けます
そして日本《ひのもと》は西洋《せいよう》のものとなるでしょう

千石船《せんごくぶね》…江戸時代《えどじだい》の木造大型和帆船《もくぞうおおがたわはんせん》の総称《そうしょう》。西洋式《せいようしき》の船《ふね》を建造《けんぞう》する以前《いぜん》の日本《にほん》では最大《さいだい》の船《ふね》を指《さ》す。

一里《り》…約《やく》4キロメートル。

この国《くに》を守《まも》るため家茂様《いえもちさま》がどれだけのご尽力《じんりょく》をなされているか……
上様《うえさま》をお支《ささ》えする大奥《おおおく》で我《われ》らが力《ちから》を合《あ》わせずどうするのです！
和宮様《かずのみやさま》は妻《つま》として御台所《みだいどころ》として上様《うえさま》を守《まも》ろうとは思《おも》われぬのか!!
ザッ
天璋院《てんしょういん》様《さま》!?
ハッ

かつて本寿院様《ほんじゅいんさま》は
家定様《いえさださま》を想《おも》うあまり
鬼《おに》になられた
だが私《わたくし》も鬼《おに》と
なってよいのか?
上様《うえさま》だけは私《わたくし》が上座《かみざ》でも
怒《おこ》りませぬ
私《わたし》は この国《くに》の人々《ひとびと》が
恨《うら》みあわぬように
したい
宮様《みやさま》が上座《かみざ》にいたいなら
それを守《まも》るまで
朝廷《ちょうてい》が幕府《ばくふ》を呼《よ》ぶなら
京《きょう》に行《い》くまで
和宮様《かずのみやさま》の御名《みな》のように
皆《みな》が「和《わ》」すれば
自然《しぜん》と国《くに》は
治《おさ》まりましょう
文久《ぶんきゅう》三(1863)年《ねん》三月《がつ》
攘夷決行《じょういけっこう》を朝廷《ちょうてい》と協議《きょうぎ》するため
家茂《いえもち》は京《きょう》に上洛《じょうらく》――
将軍《しょうぐん》の上洛《じょうらく》は三代《だい》将軍《しょうぐん》・家光《いえみつ》以来《いらい》
二百《ひゃく》二十九年《ねん》ぶりであった

上洛《じょうらく》…京《きょう》へ上《のぼ》ること。

家茂《いえもち》は同年《どうねん》六月《がつ》に無事《ぶじ》に江戸《えど》へと戻《もど》る
ねえ 薩摩《さつま》がイギリスと戦争《せんそう》をしたそうよ
江戸《えど》はどうなるのかしら……
その二か月後《げつご》 天璋院《てんしょういん》は二《に》の丸《まる》への移居《いきょ》を決意《けつい》する 大奥《おおおく》は和宮《かずのみや》に譲《ゆず》り渡《わた》すつもりであった
天璋院様《てんしょういんさま》!
宮様《みやさま》!?
天璋院様《てんしょういんさま》 二《に》の丸《まる》に移《うつ》られるとは本当《ほんとう》でございますか?
いつまでも私《わたくし》がここにいて皆《みな》に大奥《おおおく》の主扱《あるじあつか》いされていると和宮様《かずのみやさま》が軽《かろ》んじられる
宮様中心《みやさまちゅうしん》に大奥《おおおく》が動《うご》いてほしいのじゃ
ギュッ
それはなりませぬ!

二《に》の丸《まる》…江戸城《えどじょう》二《に》の丸《まる》。将軍《しょうぐん》の居所《きょしょ》や大奥《おおおく》のあった本丸《ほんまる》の東《ひがし》にあり、将軍《しょうぐん》の別邸《べってい》や世継《よつ》ぎの居所《きょしょ》として利用《りよう》されていた。

御三家《ごさんけ》や御三卿《ごさんきょう》いろいろな大名家《だいみょうけ》とのお付《つ》き合《あ》い　行事《ぎょうじ》など
まだまだわからないことばかり
天璋院様《てんしょういんさま》のご指導《しどう》なしに御台所《みだいどころ》は務《つと》まりませぬ！
我《われ》らが力《ちから》を合《あ》わせて上様《うえさま》をお守《まも》りせねばとおっしゃったではありませんか！
宮様《みやさま》……ともに上様《うえさま》をお支《ささ》えしましょうぞ！
それでご相談《そうだん》が……

※御三卿《ごさんきょう》…徳川将軍家《とくがわしょうぐんけ》の親族《しんぞく》のうち、田安《たやす》・一橋《ひとつばし》・清水《しみず》の三家《さんけ》のこと。家格《かかく》は御三家《ごさんけ》に次《つ》ぐ。

上様《うえさま》は先日《せんじつ》の上洛《じょうらく》で海路《かいろ》を戻《もど》られたとか次《つぎ》の上洛《じょうらく》も船《ふね》とは危険《きけん》であろう!
大奥対面所《おおおくたいめんじょ》
は ご心配《しんぱい》はごもっとも 実《じつ》は……
何《なに》 イギリスより買《か》い付《つ》けた黒船《くろふね》で行《い》くのか
はい 黒船《くろふね》なら江戸《えど》から京《きょう》まで半月《はんつき》かかるところを早《はや》ければ三日《みっか》で着《つ》きます
さらに 海路《かいろ》なら上様《うえさま》が狙《ねら》われる心配《しんぱい》もございません
老中《ろうじゅう》 小笠原長行《おがさわらながみち》
老中《ろうじゅう》 板倉勝静《いたくらかつきよ》
なるほどのぅ……
他《ほか》にも尋《たず》ねるが……
ご理解《りかい》が早《はや》く政治《せいじ》のこともよくおわかりである……
天璋院様《てんしょういんさま》は女性《にょしょう》とは思《おも》えぬな
こうして天璋院《てんしょういん》は二《に》の丸《まる》に移《うつ》った後《のち》も大奥《おおおく》を取《と》りまとめさらには幕閣《ばっかく》たちにも認《みと》められる存在《そんざい》となる

幕閣《ばっかく》…幕府《ばくふ》の中心《ちゅうしん》となる部署《ぶしょ》や幹部《かんぶ》。

浜御殿《はまごてん》
上様《うえさま》の草履《ぞうり》が沓脱石《くつぬぎいし》の下《した》に……！
後《あと》でよく叱《しか》っておかねば
だれぞ上様《うえさま》の……
………
ポン
おお…
自分《じぶん》の足《あし》が汚《よご》れるのも厭《いと》わず上様《うえさま》を気《き》づかうとは……

浜御殿《はまごてん》…現在《げんざい》の東京都中央区《とうきょうとちゅうおうく》にある浜離宮恩賜庭園《はまりきゅうおんしていえん》。徳川将軍家《とくがわしょうぐんけ》の別邸《べってい》。

沓脱石《くつぬぎいし》…縁側《えんがわ》などの下《した》に置《お》き、履物《はきもの》を脱《ぬ》いだり、踏《ふ》み台《だい》にしたりする石《いし》。

元治元《げんじがん》（1864）年《ねん》七月《がつ》
長州藩《ちょうしゅうはん》が帝《みかど》を奪《うば》おうと
御所《ごしょ》を攻撃《こうげき》した
「禁門《きんもん》の変《へん》」が起《お》こる
天璋院様《てんしょういんさま》ご実家《じっか》の薩摩《さつま》が御所《ごしょ》を守《まも》ってくださったとか……
宮様《みやさま》 これから私《わたし》は長州《ちょうしゅう》を征討《せいとう》しに行《い》く みやげは何《なに》がいい
そうじゃ
上様《うえさま》のご無事《ぶじ》が一番《いちばん》にございます
それは もちろんだが 京《きょう》へも参《まい》るのだ 西陣織《にしじんおり》にしよう
うれしゅうございます
この幸《しあわ》せな時《とき》がずっと続《つづ》けばよいのに……

長州藩《ちょうしゅうはん》…現在《げんざい》の山口県萩市《やまぐちけんはぎし》に藩庁《はんちょう》を置《お》いた藩《はん》。

西陣織《にしじんおり》…京《きょう》の西陣《にしじん》（現在《げんざい》の京都府京都市《きょうとふきょうとし》の上京区《かみぎょうく》から北区《きたく》）で生産《せいさん》される高級織物《こうきゅうおりもの》。

慶応元《けいおうがん》（1865）年《ねん》五月《がつ》
第二次長州征討《だいじちょうしゅうせいとう》のため
江戸《えど》を出発《しゅっぱつ》した家茂《いえもち》は
一度京《いちどきょう》に上《のぼ》り参内《さんだい》した後《のち》
大坂城《おおさかじょう》に入《はい》った
――しかし
薩摩《さつま》が長州征討《ちょうしゅうせいとう》への出兵《しゅっぺい》を断《ことわ》ったとのこと
何《なに》……!?
薩摩《さつま》が……！
我《われ》ら徳川《とくがわ》の敵《てき》になったというのか!?
慶応《けいおう》二（1866）年《ねん》六月《がつ》
幕府軍《ばくふぐん》と長州軍《ちょうしゅうぐん》との
戦闘《せんとう》が始《はじ》まるが 薩摩《さつま》と同盟《どうめい》し
最新《さいしん》の武器《ぶき》を装備《そうび》した
長州軍《ちょうしゅうぐん》に幕府軍《ばくふぐん》は惨敗《ざんぱい》

参内《さんだい》…内裏《だいり》（天皇《てんのう》の住居）に参上すること。大坂城…現在の大阪府大阪市に一部が現存する城。

奥医師《おくいし》…将軍《しょうぐん》とその家族《かぞく》の診療《しんりょう》をする医者《いしゃ》。

スッ……
みやげは西陣織《にしじんおり》にしよう
ギュッ……
ス…
スッ
家定様《いえさだざま》が亡《な》くなって
わずか八年《ねん》……
宮様《みやさま》……
私《わたくし》も……共《とも》に……
泣《な》こうぞ……
ギュッ
わあああああ…
家茂《いえもち》の死《し》をきっかけに
幕府《ばくふ》は長州征討《ちょうしゅうせいとう》を中止《ちゅうし》し
九月《がつ》十九日《にち》に撤兵《てっぺい》を開始《かいし》する
幕府《ばくふ》の威信《いしん》は地《ち》に堕《お》ち
薩摩《さつま》・長州《ちょうしゅう》を中心《ちゅうしん》に
討幕《とうばく》の機運《きうん》が高《たか》まっていく

第四章《だいしょう》　江戸城無血開城《えどじょうむけつかいじょう》
慶応《けいおう》二（1866）年《ねん》十二月五日《がついつか》 一橋慶喜《ひとつばしよしのぶ》が十五代将軍《だいしょうぐん》となり 徳川慶喜《とくがわよしのぶ》と名《な》を改《あらた》める
尊王《そんのう》を名目《めいもく》に討幕《とうばく》をもくろむ 薩摩《さつま》・長州《ちょうしゅう》を抑《おさ》えようと 政治工作《せいじこうさく》に明《あ》け暮《く》れる慶喜《よしのぶ》は 京《きょう》と大坂城《おおさかじょう》を行《ゆ》き来《き》するばかりで 一向《いっこう》に江戸《えど》に帰《かえ》って来《こ》なかった
江戸《えど》
十五代様《だいさま》は お帰《かえ》りにならぬし 新《あたら》しい御台所様《みだいどころさま》も 大奥《おおおく》には入《はい》られぬ
老中《ろうじゅう》たちは 右往左往《うおうさおう》する ばかり
我《われ》ら女《おんな》が この江戸城《えどじょう》を 守《まも》らねば……！
はい！
江戸城《えどじょう》は天璋院《てんしょういん》と 落飾《らくしょく》して静寛院宮《せいかんいんのみや》と 名《な》を改《あらた》めた和宮《かずのみや》の手《て》に 委《ゆだ》ねられたのである

実家《じっか》の薩摩《さつま》と嫁《とつ》ぎ先《さき》の徳川《とくがわ》が戦《いくさ》をしようとしている……
だが 私《わたくし》は徳川《とくがわ》に嫁《か》した身《み》 この城《しろ》を守《まも》るため薩摩《さつま》とも戦《たたか》おう ……！
慶応《けいおう》三（1867）年《ねん》十月十四日《がつじゅうよっか》慶喜《よしのぶ》は大政奉還《たいせいほうかん》し
十二月九日《がつここのか》には王政復古《おうせいふっこ》の大号令《だいごうれい》により征夷大将軍《せいいたいしょうぐん》の職《しょく》を解《と》かれる
さらに徳川慶喜《とくがわよしのぶ》の官位辞任《かんいじにん》と領地返上《りょうちへんじょう》が命《めい》じられる
これを不満《ふまん》とする旧幕府軍《きゅうばくふぐん》は翌年正月三日《よくねんしょうがつみっか》に挙兵《きょへい》——鳥羽《とば》・伏見《ふしみ》の戦《たたか》いとなるが旧幕府軍《きゅうばくふぐん》は新政府軍《しんせいふぐん》に敗北《はいぼく》する
六日《むいか》に慶喜《よしのぶ》は大坂城《おおさかじょう》から脱出《だっしゅつ》した

鳥羽《とば》…現在《げんざい》の京都府京都市《きょうとふきょうとし》の南区上鳥羽《みなみくかみとば》と伏見区下鳥羽《ふしみくしもとば》。

伏見《ふしみ》…現在《げんざい》の京都府京都市伏見区《きょうとふきょうとしふしみく》。

慶喜《よしのぶ》が海路《かいろ》 江戸城《えどじょう》に帰城《きじょう》したのは十二日《にち》のことである
ここを通《とお》せ!!
天璋院様《てんしょういんさま》と静寛院宮様《せいかんいんのみやさま》に急《いそ》ぎ ご報告《ほうこく》があるのだ!
静寛院宮様《せいかんいんのみやさま》が洋服《ようふく》のまま大奥《おおおく》に入《はい》ってはならぬと
ええい このような時《とき》に!
今《いま》まで一度《ど》も江戸城《えどじょう》に入《はい》らなかった上様《うえさま》が今《いま》さら大奥《おおおく》に何《なん》の用《よう》が!
静寛院宮様《せいかんいんのみやさま》 お気持《きも》ちは わかりますが 火急《かきゅう》の用《よう》でしょう お会《あ》いせねば
ひどいなりじゃのう 慶喜《よしのぶ》どの
格好《かっこう》など どうでもよう ございます!

火急《かきゅう》…非常《ひじょう》に急《いそ》ぐこと。

朝敵《ちょうてき》…朝廷《ちょうてい》や天皇《てんのう》にそむく敵《てき》。
官軍《かんぐん》…天皇《てんのう》の軍隊《ぐんたい》。

何《なに》！負《ま》けたと申《もう》すのですか公儀《こうぎ》が薩長《さっちょう》に！
徳川《とくがわ》は「朝敵《ちょうてき》」となり官軍《かんぐん》を名乗《なの》る薩長《さっちょう》に負《ま》けたのです
朝敵《ちょうてき》!?
それで大坂城《おおさかじょう》も捨《す》てて逃《に》げてきたのですか!?
とにかく朝廷《ちょうてい》に逆《さか》らう賊軍《ぞくぐん》として戦《たたか》い続《つづ》けるわけには参《まい》りませぬ
……あの慶喜様《よしのぶさま》……

……新政府軍《しんせいふぐん》の大総督《だいそうとく》は有栖川宮熾仁親王《ありすがわのみやたるひとしんのう》と聞《き》き及《およ》びましたがまことですか
その通《とお》りにございます
有栖川宮熾仁親王《ありすがわのみやたるひとしんのう》はかつて静寛院宮《せいかんいんのみや》の婚約者《こんやくしゃ》であった
薩摩《さつま》が天璋院様《てんしょういんさま》を薩摩《さつま》にお迎《むか》えしたいと……
私《わたくし》はもう徳川《とくがわ》の女《おんな》です
江戸城《えどじょう》と共《とも》に燃《も》えることになっても城《しろ》は出《で》ぬ
ですが……
キッ

軍事取扱《ぐんじとりあつかい》…幕府軍《ばくふぐん》の最高責任者《さいこうせきにんしゃ》。

寛永寺《かんえいじ》…現在《げんざい》の東京都台東区《とうきょうとたいとうく》にある天台宗《てんだいしゅう》の寺《てら》で、徳川将軍家《とくがわしょうぐんけ》の菩提寺《ぼだいじ》の一《ひと》つ。

蟄居《ちっきょ》…一部屋《ひとへや》にこもり謹慎《きんしん》すること。

朝敵《ちょうてき》とされてまで戦《たたか》えぬのはわかりましたですが徳川《とくがわ》家《け》を絶《た》えさせるわけにはゆかぬ
私《わたくし》たちは私《わたくし》たちのできることをしますそなたも最後《さいご》の将軍《しょうぐん》らしくなされよ
いまだに抗戦《こうせん》を主張《しゅちょう》する幕臣《ばくしん》たちを退《しりぞ》けた慶喜《よしのぶ》は軍事取扱《ぐんじとりあつかい》の勝海舟《かつかいしゅう》に後《あと》を託《たく》し——
勝海舟《かつかいしゅう》
二月《がつ》十二日《にち》に江戸城《えどじょう》を退去《たいきょ》して新政府《しんせいふ》への恭順《きょうじゅん》の意《い》を表《あらわ》し寛永寺《かんえいじ》で蟄居《ちっきょ》する

すでに官軍《かんぐん》は江戸《えど》に向《む》けて攻《せ》め上《のぼ》っていると聞《き》きます
静寛院宮様《せいかんいんのみやさま》は皇室《こうしつ》の方《かた》 京《きょう》にお帰《かえ》りになっては？
私《わたくし》も嫁《とつ》いだ以上《いじょう》徳川《とくがわ》の女《おんな》です
天璋院様《てんしょういんさま》と運命《うんめい》を共《とも》にいたします
しかし 江戸《えど》で戦《いくさ》となれば 百万人《ひゃくまんにん》からの町人《ちょうにん》たちが 焼《や》け出《だ》されます
……なりませぬ 新《あたら》しい日本《にほん》が そのような血《ち》と破壊《はかい》の上《うえ》に 築《きず》かれるのは

嘆願書《たんがんしょ》を書《か》きましょう
官軍《かんぐん》が江戸《えど》の町《まち》を焼《や》かぬよう徳川《とくがわ》の家《いえ》が絶《た》やされぬよう
天璋院《てんしょういん》は官軍《かんぐん》の西郷吉之助《さいごうきちのすけ》に静寛院宮《せいかんいんのみや》は官軍《かんぐん》の東海道鎮撫総督《とうかいどうちんぶそうとく》で従兄《いとこ》の公家《くげ》・橋本実梁《はしもとさねやな》に宛《あ》てて嘆願書《たんがんしょ》を書《か》く
天璋院様《てんしょういんさま》…… 「一命《いちめい》にかけて徳川《とくがわ》の存続《そんぞく》を」とは……
西郷吉之助《さいごうきちのすけ》（隆盛《たかもり》）
だがなわしは信《しん》じておる
お篤《あつ》ならば必《かなら》ずや……
斉彬様《なりあきらさま》があれほど信《しん》を置《お》いていたお方《かた》と戦《たたか》いたくはない……

東海道鎮撫総督《とうかいどうちんぶそうとく》…新政府《しんせいふ》が幕府追討《ばくふついとう》のために任命《にんめい》した臨時《りんじ》の軍《ぐん》の長官《ちょうかん》で、京《きょう》から江戸《えど》までを太平洋側《たいへいようがわ》の街道《かいどう》である東海道《とうかいどう》で攻《せ》め上《のぼ》った。

三月《がつ》十三日《にち》・十四日《じゅうよっか》の両日《りょうじつ》 薩摩藩江戸藩邸《さつまはんえどはんてい》において 軍事取扱《ぐんじとりあつかい》・勝海舟《かつかいしゅう》と 西郷《さいごう》の間《あいだ》で会談《かいだん》が行《おこな》われ
西郷《さいごう》さん 天璋院様《てんしょういんさま》のお気持《きも》ち くんでくれや しないかね
………
……わかりもした 徳川宗家《とくがわそうけ》の存続《そんぞく》 この西郷《さいごう》が お引《ひ》き受《う》けしもす
官軍《かんぐん》による 江戸総攻撃《えどそうこうげき》の中止《ちゅうし》と 江戸城《えどじょう》の無血開城《むけつかいじょう》が 決定《けってい》された
開城《かいじょう》の期日《きじつ》まで 日《ひ》がありやせん ……どうしても城《しろ》を 出《で》ちゃいただけ ねえんですかい
くどい！
敵《てき》に城《しろ》を 明《あ》け渡《わた》すなら 自害《じがい》するのが 武家《ぶけ》のならい
その時《とき》は おいらが お止《と》めしますがね
やっとうの腕《うで》は おいらの方《ほう》が 上《うえ》でしょう
勝海舟《かつかいしゅう》

宗家《そうけ》…一族《いちぞく》の中心《ちゅうしん》となる家《いえ》。本家《ほんけ》。　やっとう…剣術《けんじゅつ》のこと。

冗談《じょうだん》はさておき 官軍《かんぐん》との戦《いくさ》を避《さ》けるには この城《しろ》を穏便《おんびん》に引《ひ》き渡《わた》さにゃあなりません
まだ慶喜《よしのぶ》どのの助命《じょめい》の御沙汰《ごさた》もないのに そうはゆかぬ
……あちらさんにも体面《たいめん》がございます
せめて三日《みっか》 この城《しろ》を官軍《かんぐん》に明《あ》け渡《わた》しちゃもらえねえですかい
三日《みっか》だけなどと どうせ……
……
わかりました
……それで官軍《かんぐん》の顔《かお》が立《た》つならば……

天璋院様《てんしょういんさま》……お先《さき》に失礼《しつれい》します
ハッ
ギュッ
静寛院宮《せいかんいんのみや》は四月九日《がつここのか》
天璋院《てんしょういん》は四月十日《がつとおか》に
江戸城《えどじょう》を去り
四月十一日《がつにち》
江戸城《えどじょう》は無血開城《むけつかいじょう》された
三日間《みっかかん》の
約束《やくそく》は守《まも》られず
天璋院《てんしょういん》が江戸城《えどじょう》に
戻《もど》ることはなかった
天璋院様《てんしょういんさま》 勝《かつ》には
してやられましたね
私《わたくし》をハメるとは
公儀《こうぎ》にもまだ人物《じんぶつ》が
残《のこ》っておったようじゃ
幾島《いくしま》は
明治《めいじ》三(1870)年《ねん》に
亡《な》くなる――享年《きょうねん》六十三

第《だい》五章《しょう》　新時代《しんじだい》を生《い》きる

隠居《いんきょ》…当主《とうしゅ》の地位《ちい》や財産《ざいさん》、仕事《しごと》などを次代《じだい》に譲《ゆず》ること。
新政府《しんせいふ》は徳川家《とくがわけ》の存続《そんぞく》を認《みと》めたが慶喜《よしのぶ》には隠居《いんきょ》を命《めい》じた
徳川家《とくがわけ》を継《つ》いだのは御三卿《ごさんきょう》の一《いっ》・田安家《たやすけ》の家達《いえさと》である
天璋院《てんしょういん》がその養育《よういく》にあたった――薩摩藩《さつまはん》からは援助《えんじょ》の申《もう》し出《で》もあったが天璋院《てんしょういん》は断《ことわ》っている
これからの世《よ》は武士《ぶし》ではなく民《たみ》がつくっていくのですよ
はい
徳川家達《とくがわいえさと》

勝《かつ》……
いつぞやは　よくも騙《だま》してくれたな
そろそろ水《みず》に流《なが》していただこうと思《おも》いましてね
一《ひと》つ社会見学《しゃかいけんがく》としゃれこみませんか？
吉原《よしわら》
ここが吉原《よしわら》か！　前《まえ》から一度《どき》来てみたかったのじゃ！
お喜《よろこ》びいただけて何《なに》よりです

吉原《よしわら》…現在《げんざい》の東京都台東区千束《とうきょうとたいとうくせんぞく》にあった遊興地《ゆうきょうち》。

これで許《ゆる》して もらえますかね？
まだじゃ！ 座敷《ざしき》に上《あ》がって 酒《さけ》を飲《の》むのが 吉原《よしわら》の遊《あそ》びじゃろう？ 私《わたくし》も飲《の》むぞ！
普通《ふつう》は男《おとこ》が 上《あ》がるもんですが…… まあ構《かま》わねえでしょう
海舟《かいしゅう》は しばしば 天璋院《てんしょういん》を町《まち》へ連《つ》れ出《だ》し 天璋院《てんしょういん》もそれを 楽《たの》しんだという

私《わたくし》は四十二
静寛院宮様《せいかんいんのみやさま》は
三十二
お互《たが》い年《とし》を
取《と》りましたね
いいえ
天璋院様《てんしょういんさま》は
まだまだ　お若《わこ》う
ございます
天璋院《てんしょういん》と静寛院宮《せいかんいんのみや》は
維新後《いしんご》も親《した》しく
付《つ》き合《あ》うが
明治《めいじ》十（1877）年《ねん》九月《がつ》二日《ふつか》
静寛院宮《せいかんいんのみや》は三十二歳《さい》の若《わか》さで
夭折《ようせつ》する

徳川家《とくがわけ》の新《あたら》しい あり方《かた》を 見《み》つけるためには 西洋《せいよう》の文明《ぶんめい》を 知《し》らねばなりません
家達様《いえさとさま》 しっかり 学《まな》んでくるのですよ
はい！
同年《どうねん》十月《がつ》 家達《いえさと》は ロンドンへ留学《りゅうがく》に 旅立《たびだ》つ
千駄ケ谷《せんだがや》 徳川邸《とくがわてい》
明治《めいじ》十五（1882）年《ねん》十一月《がつ》 天璋院《てんしょういん》は 帰国《きこく》した家達《いえさと》を 近衛忠房《このえただふさ》の長女《ちょうじょ》・泰子《ひろこ》と 結婚《けっこん》させた

千駄ケ谷《せんだがや》…現在《げんざい》の東京都《とうきょうと》渋谷区《しぶやく》千駄ケ谷《せんだがや》。

家定様《いえさださま》 家達《いえさと》は 立派《りっぱ》な徳川宗家《とくがわそうけ》と なりました
もう 思《おも》い残《のこ》すことは ありません
よくやった
お父上様《ちちうえさま》！

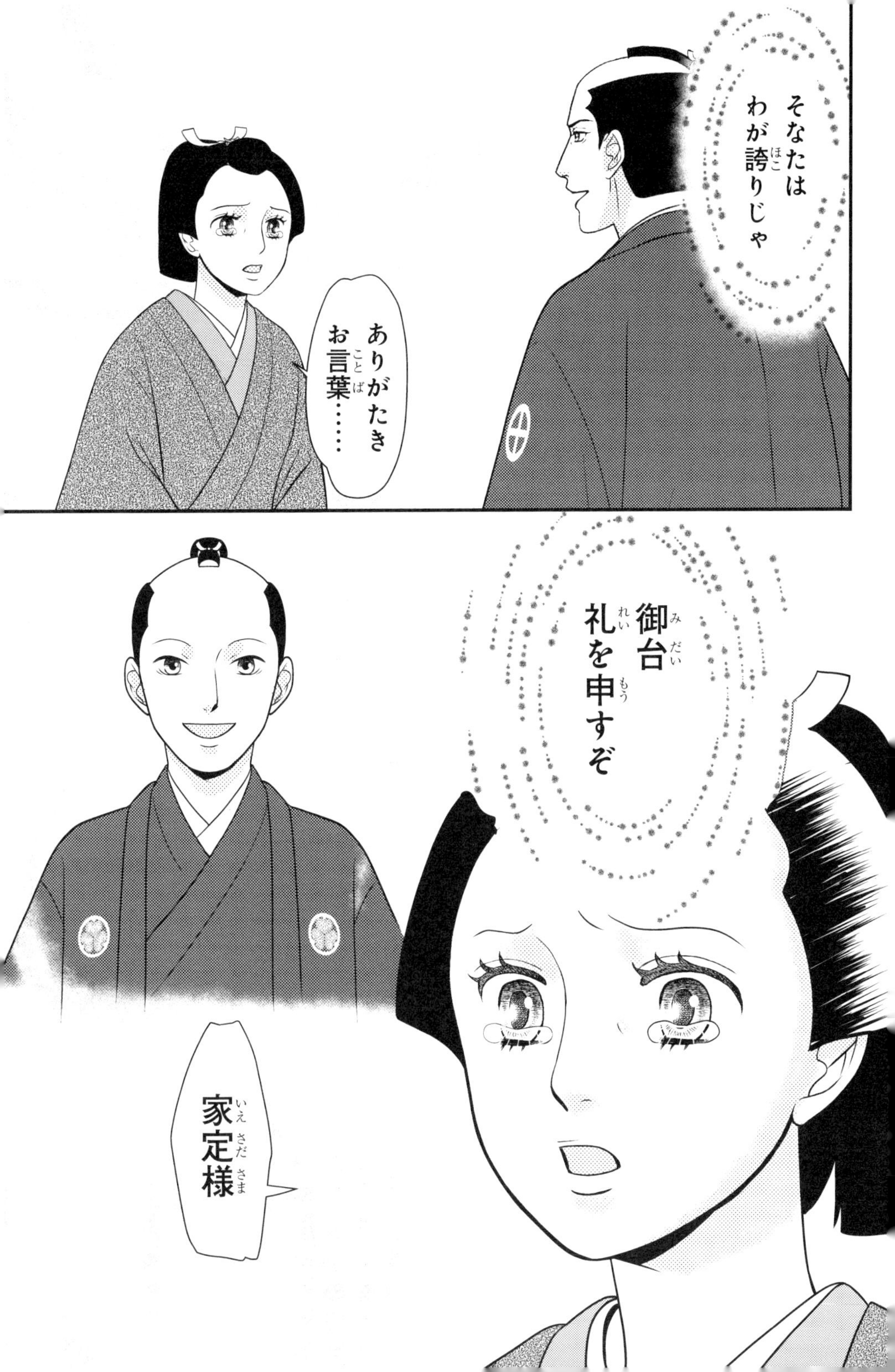
そなたは わが誇《ほこ》りじゃ
ありがたき お言葉《ことば》……
御台《みだい》 礼《れい》を申《もう》すぞ
家定様《いえさださま》

これからは
余《よ》と共《とも》に
ゆっくりいたそう
ハッ
はい！

明治《めいじ》十六(1883)年《ねん》
十一月《がつ》二十日《はつか》
天璋院《てんしょういん》は千駄ケ谷《せんだがや》の徳川邸《とくがわてい》で
息《いき》を引《ひ》き取《と》った——
享年《きょうねん》四十八
大正《たいしょう》三(1914)年《ねん》
家達《いえさと》は総理大臣《そうりだいじん》
就任《しゅうにん》を要請《ようせい》されるが
ほう
わが家《いえ》から奪《うば》った天下《てんか》を
また返《かえ》そうと言《い》うのか
大政奉還《たいせいほうかん》を
取《と》り消《け》すのか
徳川家達《とくがわいえさと》(52歳《さい》)
いえ
それは……
徳川《とくがわ》は
表舞台《おもてぶたい》には立《た》たぬ
陛下《へいか》にも そう
お返事《へんじ》申《もう》し上《あ》げてくれ
天璋院《てんしょういん》の守《まも》った
徳川宗家《とくがわそうけ》は
現代《げんだい》にも続《つづ》いている

天璋院《てんしょういん》の葬儀《そうぎ》には
沿道《えんどう》に一万人《まんにん》もの
人々《ひとびと》が集《あつ》まったという
幕末《ばくまつ》を生《い》き抜《ぬ》いた天璋院《てんしょういん》は
今《いま》も上野《うえの》寛永寺《かんえいじ》で
夫《おっと》・家定《いえさだ》の隣《となり》に眠《ねむ》っている

篤姫《あつひめ》を知《し》るための
基《き》礎《そ》知《ち》識《しき》

解説《かいせつ》

加来耕三《かくこうぞう》

(1)朱子学《しゅしがく》の必読書《ひつどくしょ》『近思録《きんしろく》』に、「王佐《おうさ》の心《こころ》」という言葉《ことば》が出《で》てくる。

この書《しょ》は(2)宋《そう》の朱子《しゅし》が、その友人《ゆうじん》・呂祖謙《りょそけん》と共同《きょうどう》で撰《せん》したもので、(3)修《しゅう》身《しん》、斉家《せいか》、治国《ちこく》、平天下《へいてんか》の教訓《きょうくん》を目的《もくてき》として編《あ》まれたものであった。

その中《なか》に、「王者《おうじゃ》を補佐《ほさ》して働《はたら》く精神《せいしん》」という意味《いみ》で、冒頭《ぼうとう》の言《げん》が語《かた》られていた。ちなみにこれは宋《そう》の名僧《めいそう》・程明道《ていめいどう》の言葉《ことば》で、(4)三国志《さんごくし》の(5)諸葛孔明《しょかつこうめい》を指《さ》して使《つか》われたものである。

当然《とうぜん》のことながら、わが国《くに》の歴史《れきし》にも「王佐《おうさ》の心《こころ》」をもった補佐役《ほさやく》は数多《あまた》登場《とうじょう》した。ただ、意外《いがい》に注目《ちゅうもく》されていないのが女性《じょせい》である。

女性《じょせい》の補佐役《ほさやく》という制限《せいげん》を設《もう》けた場合《ばあい》、不思議《ふしぎ》と大将《たいしょう》の賢妻《けんさい》が、これに該当《がいとう》する事例《じれい》が少《すく》なくなかった。

たとえば、豊臣秀吉《とよとみひでよし》の御台所《みだいどころ》（正室《せいしつ》）・北政所《きたのまんどころ》――彼女《かのじょ》は戦国乱世《せんごくらんせい》に生《う》まれ育《そだ》ち、秀吉《ひでよし》と出会《であ》うことで天下人《てんかびと》の妻《つま》となったが、その影響《えいきょう》力《りょく》は秀吉《ひでよし》亡《な》きあと、関ヶ原《せきがはら》の戦《たたか》いにも及《およ》び、北政所《きたのまんどころ》を味方《みかた》につけて、

(1)朱子学《しゅしがく》…中国《ちゅうごく》の政治《せいじ》と道徳《どうとく》の学問《がくもん》である儒学《じゅがく》の一学《いちがく》派《は》。思想家《しそうか》の朱子《しゅし》（朱熹《しゅき》の敬称《けいしょう》）が集大成《しゅうたいせい》した。

(2)宋《そう》…960〜1279年《ねん》まで続《つづ》いた中国《ちゅうごく》の王朝《おうちょう》。

(3)修身《しゅうしん》、斉家《せいか》、治国《ちこく》、平天《へいてん》下《か》…まず自身《じしん》の行《おこな》いを正《ただ》し、次《つぎ》に家庭《かてい》を整《ととの》え、さらに国家《こっか》を治《おさ》め、そして天下《てんか》を平和《へいわ》にする。儒学《じゅがく》で人《ひと》の一生《いっしょう》の目標《もくひょう》とされた。

(4)三国志《さんごくし》…三世紀《さんせいき》ごろの中国《ちゅうごく》で魏《ぎ》・呉《ご》・蜀《しょく》の三国《さんごく》が争《あらそ》っていた時代《じだい》を記《しる》した歴史書《れきししょ》。

(5)諸葛孔明《しょかつこうめい》…蜀《しょく》を建国《けんこく》した劉《りゅう》備《び》を補佐《ほさ》した政治家《せいじか》、軍《ぐん》師《し》。

東軍《とうぐん》を率《ひき》いた徳川家康《とくがわいえやす》が天下《てんか》を取《と》った、といっても過言《かごん》ではなかった。
山内一豊《やまうちかずとよ》の妻《つま》なども、内助《ないじょ》の功《こう》(6)でもてはやされてきた女性《じょせい》である。
彼女《かのじょ》らに比《くら》べ、あまり知《し》られていない女性《じょせい》の補佐役《ほさやく》として、筆者《ひっしゃ》はもっとも過酷《かこく》を極《きわ》めた使命《しめい》を遂行《すいこう》した、徳川幕府《とくがわばくふ》十三代将軍家定《だいしょうぐんいえさだ》の、御台所《みだいどころ》となった篤姫《あつひめ》をあげたい。

この女性《じょせい》は、幼名《ようみょう》を一子《いちこ》といい、於一《おいち》と呼《よ》ばれた。
薩摩藩《さつまはん》（現《げん》・鹿児島県《かごしまけん》）の藩主《はんしゅ》・島津家《しまづけ》の分家《ぶんけ》の姫《ひめ》であり、十一代藩主《だいはんしゅ》・島津斉彬《しまづなりあきら》の養女《ようじょ》となって一時《いちじ》、「篤姫《あつひめ》」と称《しょう》したものの、公卿筆頭《くぎょうひっとう》の近衛家《このえけ》の養女《ようじょ》となって、すぐに敬子《すみこ》となり、〝篤君《あつぎみ》〟と仰《あお》がれつつ、将軍家定《しょうぐんいえさだ》の御台所《みだいどころ》となった。

――この婚姻《こんいん》、これまで政略結婚《せいりゃくけっこん》のようにいわれてきたが、史実《しじつ》は違《ちが》う。実《じつ》は家定本人《いえさだほんにん》の意思《いし》により、島津家《しまづけ》に申《もう》し入《い》れたものであった。
かつて十一代将軍《だいしょうぐん》・徳川家斉《とくがわいえなり》の御台所《みだいどころ》に、島津家《しまづけ》ゆかりの「茂姫《しげひめ》」がいた。しかも、この縁《えにし》を結《むす》んだのが、徳川将軍家《とくがわしょうぐんけ》から島津家《しまづけ》へ入輿《じゅよ》(7)した姫《ひめ》（竹姫《たけひめ》）であり、両家《りょうけ》の因縁《いんねん》といってよい。

(6)内助《ないじょ》の功《こう》…内部《ないぶ》の援助《えんじょ》による功績《こうせき》。夫《おっと》の働《はたら》きを支《ささ》える妻《つま》の功績《こうせき》を指《さ》すことが多《おお》い。

(7)入輿《じゅよ》…貴人《きじん》が嫁入《よめい》りすること。輿入《こしい》れ。

茂姫《しげひめ》は篤姫《あつひめ》と同《おな》じく、薩摩藩主島津家《さつまはんしゅしまづけ》の血縁者《けつえんしゃ》＝八代藩主《だいはんしゅ》・重豪《しげひで》の娘《むすめ》で、生涯《しょうがい》に多《おお》くの子《こ》をなし、大名《だいみょう》、あるいはその御台所《みだいどころ》に、子孫《しそん》を増《ふ》やした功労者《こうろうしゃ》でもあった。

家定《いえさだ》は茂姫《しげひめ》のことを熟知《じゅくち》していて、ぜひにもその血脈者《けつみゃくしゃ》を徳川将軍《とくがわしょうぐん》家《け》に、と島津家《しまづけ》に己《おの》が妻《つま》を乞《こ》うたのであった。嘉永《かえい》三（一八五〇）年《ねん》のことであり、この時点《じてん》で家定《いえさだ》はすでに二人《ふたり》の妻《つま》を失《うしな》っていた。ともに、公卿《くぎょう》の姫《ひめ》であり、それゆえであったかどうか共《とも》に体《からだ》が弱《よわ》かった。

まだ当時《とうじ》、世子《せいし》の立場《たちば》であった家定《いえさだ》は、何《なん》としても体《からだ》の丈夫《じょうぶ》な後添《のちぞ》(8)いを迎《むか》え将軍家《しょうぐんけ》を絶《た》やさぬよう、祈《いの》るような気持《きも》ちで、まだ藩主《はんしゅ》になっていなかった世子時代《せいしじだい》の斉彬《なりあきら》にこの話《はなし》を持《も》ちかけ、紆余曲折《うよきょくせつ》の末《すえ》、選《えら》ばれたのが篤姫《あつひめ》であった。

もとより彼女《かのじょ》は、結婚《けっこん》するまで夫《おっと》となる人《ひと》の顔《かお》を一度《いちど》も見《み》てはいない。それが当時《とうじ》の、武家《ぶけ》の婚礼一般《こんれいいっぱん》であったともいえる。

家定《いえさだ》も篤姫《あつひめ》を見《み》てはいなかったが、越前福井藩主《えちぜんふくいはんしゅ》(9)・松平慶永《まつだいらよしなが》（号《ごう》して春嶽《しゅんがく》）は十九歳年上《さいとしうえ》の斉彬《なりあきら》のもとを訪《たず》ねたおり、篤姫《あつひめ》の人柄《ひとがら》を聞《き》い

(8)後添《のちぞ》い…妻《つま》と死別《しべつ》したり離《り》別《べつ》した男《おとこ》が、後《のち》につれそった妻《つま》。後妻《ごさい》。

(9)福井藩《ふくいはん》…現在《げんざい》の福井県福井《ふくいけんふくい》市《し》に藩庁《はんちょう》を置《お》いた藩《はん》。

ていた（『松平春嶽全集《まつだいらしゅんがくぜんしゅう》』所収《しょしゅう》「閑窓秉筆《かんそうへいひつ》」）。

それによれば、斉彬《なりあきら》の言葉《ことば》から受《う》ける篤姫《あつひめ》の印象《いんしょう》は、今日《こんにち》に伝《つた》えられる〝薩摩《さつま》おごじょ〟のイメージそのままであった、といってよい。

生半可《なまはんか》な男《おとこ》の及《およ》ばぬ忍耐力《にんたいりょく》を持《も》ち、決《けっ》して怒《いか》りを顔《かお》に表《あらわ》すことがない。不平《ふへい》や不満《ふまん》はことごとく腹《はら》の中《なか》にしまいこみ、決《けっ》して破裂《はれつ》させることがなかった。腹《はら》がすわっている、ということであろう。

軽々《かるがる》しいところはないが、それでいて笑《え》みは絶《た》やさず、人《ひと》に接《せっ》するのも誠《まこと》に上手《じょうず》だという。なるほど、こういう女性《じょせい》は将軍《しょうぐん》、とりわけ問《もん》題《だい》のある家定《いえさだ》の、夫人《ふじん》には相応《ふさわ》しかったかもしれない。

なにしろ家定《いえさだ》は幼少《ようしょう》より体《からだ》が弱《よわ》く、正座《せいざ》もおぼつかないほどの人物《じんぶつ》であったとか。常《つね》に首《くび》を振《ふ》る症状《しょうじょう》を呈《てい》し、身体《からだ》をときおり痙攣《けいれん》させた。

のちに日本《にほん》へやって来《き》た、アメリカの公使《こうし》ハリスは、『日本滞在記《にほんたいざいき》』の中《なか》で、将軍家定《しょうぐんいえさだ》と謁見《えっけん》した際《さい》、

「（彼《かれ》は）短《みじか》い沈黙《ちんもく》のあと、自分《じぶん》の頭《あたま》を左肩《ひだりかた》を越《こ》えて大《おお》きく後方《こうほう》へぐいと反《そ》らしはじめ、同時《どうじ》に、右《みぎ》の足《あし》を踏《ふ》み鳴《な》らす動作《どうさ》を三、四回《かい》とく

り返《かえ》した」

と述《の》べている。

しかしその後《ご》、よく通《とお》る声《こえ》でしっかりと、歓迎《かんげい》の言葉《ことば》を述《の》べた、とも。

将軍《しょうぐん》の替《か》え玉《だま》がどこかに隠《かく》れていたものか、それとも理性《りせい》そのものには家定《いえさだ》は問題《もんだい》がなかったのだろうか。

父《ちち》の将軍家慶《しょうぐんいえよし》（十二代《だい》）が病《やまい》に倒《たお》れると、家定《いえさだ》は毎日《まいにち》、自《みずか》ら粥《かゆ》をつくって父《ちち》に食《た》べさせたというが、興味深《きょうみぶか》いのはこのおり、障子《しょうじ》に穴《あな》を開《あ》け、父《ちち》が己《おのれ》の料理《りょうり》を食《た》べる姿《すがた》をこっそり覗《のぞ》き見《み》し、一人悦《ひとりえつ》に入《い》っていたという。ほかにも鵞鳥《がちょう》を追《お》い回《まわ》して、キャッキャッと悦《よろこ》んだとか、刀剣《とうけん》を抜《ぬ》いて家臣《かしん》を脅《おど》かしたとか、とても成人《せいじん》した、まともな将軍《しょうぐん》がするはずのないことを、彼《かれ》はやってのけたという。

もし、これが泰平《たいへい》の時代《じだい》なら、篤姫《あつひめ》に求《もと》められた補佐役《ほさやく》の使命《しめい》は、母性《ぼせい》そのものであり、いわば家定《いえさだ》の日常《にちじょう》を保母《ほぼ》として支《ささ》えることに終始《しゅうし》したかもしれない。

ところが、二人《ふたり》が結婚《けっこん》する安政《あんせい》三（一八五六）年《ねん》十二月《がつ》――その三年前《ねんまえ》の六月《がつ》に、ペリーが〝黒船《くろふね》〟を率《ひき》いて日本《にほん》へやって来《き》た。
この来航《らいこう》によって、日本《にほん》は本格的《ほんかくてき》な幕末動乱《ばくまつどうらん》の中《なか》に投《な》げ込《こ》まれることとなるのだが、この極《きわ》めて難《むずか》しい政局《せいきょく》の中《なか》で、ペリー来航後《らいこうご》、十九日《にち》にして、将軍家慶《しょうぐんいえよし》が急死《きゅうし》してしまう。享年《きょうねん》六十一。
家定《いえさだ》はそのまま、多難《たなん》な国際情勢《こくさいじょうせい》の渦巻《うずま》く中《なか》、将軍《しょうぐん》となったわけだ。このとき、三十歳《さい》である。篤姫《あつひめ》はときに、十八歳《さい》であった。
開国《かいこく》か攘夷《じょうい》かで揺《ゆ》れはじめた幕府《ばくふ》の情勢《じょうせい》の中《なか》、ようやく二人《ふたり》は結婚《けっこん》したものの、その結婚生活《けっこんせいかつ》はわずかに一年半《ねんはん》しか続《つづ》かなかった。
将軍家定《しょうぐんいえさだ》の急逝《きゅうせい》で、篤姫《あつひめ》は二十三歳《さい》にして未亡人《みぼうじん》となり、出家《しゅっけ》して「天璋院《てんしょういん》」の法号《ほうごう》(10)を持《も》つこととなる。ついに、母《はは》になる期待《きたい》を果《は》たすことはかなわなかった。
家定《いえさだ》の求《もと》めた、子孫《しそん》を絶《た》やさず増《ふ》やしてほしい、との願望《がんぼう》は、ついに実現《じつげん》しないまま、ここに幕《まく》を閉《と》じたわけだ。
本来《ほんらい》なら、歴代将軍《れきだいしょうぐん》の御台所《みだいどころ》の一人《ひとり》として、その後《ご》は平穏《へいおん》な人生《じんせい》を送《おく》り、おそらく日本史《にほんし》に特筆《とくひつ》して書《か》き留《と》められる女性《じょせい》とは、なり得《え》

(10)法号《ほうごう》…出家《しゅっけ》した者《もの》に授《さず》けられる名《な》。

なかったに違《ちが》いない。

それが〝幕末《ばくまつ》〟という動乱《どうらん》の時代背景《じだいはいけい》の中《なか》、天璋院《てんしょういん》は幕府《ばくふ》の一方《いっぽう》の権力《けんりょく》＝幕閣《ばっかく》とは別《べつ》の権力《けんりょく》＝大奥《おおおく》を代表《だいひょう》する立場《たちば》として、歴史《れきし》の表舞《おもてぶ》台《たい》に登場《とうじょう》することになる。

養父《ようふ》斉彬《なりあきら》より将軍家定《しょうぐんいえさだ》を説得《せっとく》して、英名高《えいめいたか》い一橋慶喜《ひとつばしよしのぶ》を次期将軍《じきしょうぐん》職《しょく》につけるように、との密命《みつめい》をおびながら、篤姫《あつひめ》はこれを家定存命中《いえさだぞんめいちゅう》に実現《じつげん》することができなかった。

夫《おっと》・家定《いえさだ》の生前《せいぜん》、大奥工作《おおおくこうさく》で苦心《くしん》していた篤姫《あつひめ》は、なかなか将軍《しょうぐん》である夫《おっと》と直接《ちょくせつ》、話《はな》すきっかけすら持《も》てず、思《おも》いあまって本寿院《ほんじゅいん》（家定《いえさだ》の生母《せいぼ》）に相談《そうだん》したという。当然《とうぜん》の如《ごと》く、本寿院《ほんじゅいん》は機嫌《きげん》を悪《わる》くし、水《み》戸《と》藩主《はんしゅ》の徳川斉昭《とくがわなりあき》が大奥《おおおく》の贅沢《ぜいたく》を糾弾《きゅうだん》しようとしたことがあり、一橋《ひとつばし》がその水戸《みと》の子《こ》というだけで、大奥《おおおく》は嫌《きら》っているというのに、薩摩守《さつまのかみ》（斉彬《なりあきら》）までがそのようなことをいうとは、と立腹《りっぷく》した。

それでもめげず篤姫《あつひめ》は、ついには家定《いえさだ》とも直接《ちょくせつ》、話《はな》したようだ。将軍《しょうぐん》は彼女《かのじょ》の話《はなし》をよく聞《き》いてくれたが、返答《へんとう》はなく、それを知《し》った本寿院《ほんじゅいん》からまた、篤姫《あつひめ》は叱《しか》られる。

「私《わたくし》もかよふに御一大事《おんいちだいじ》を承《たまわ》りなから其儘《そのまま》に致候事《いたしそうろうこと》、残念口《ざんねんくち》おしく、御返事《おへんじ》申上《もうしあげ》候《そうろう》も面目《めんぼく》なくそんしまいらせ候《そうろう》」

いかにも責任感《せきにんかん》のある、〝薩摩《さつま》おごじょ〟の彼女《かのじょ》らしい思《おも》いといえよう。これは密書《みっしょ》として斉彬《なりあきら》に送《おく》ったものの、一部《いちぶ》である。

結局《けっきょく》、反対派《はんたいは》（南紀派《なんきは》）が大老《たいろう》・井伊直弼《いいなおすけ》を擁《よう》して政争《せいそう》に勝利《しょうり》。十四代将軍《だいしょうぐん》に慶福《よしとみ》を決定《けってい》する（将軍《しょうぐん》に即位《そくい》し家茂《いえもち》と改名《かいめい》）。斉彬《なりあきら》はそれでもあきらめず、藩兵《はんぺい》三千《ぜん》を率《ひき》いての武装上洛《ぶそうじょうらく》を企《くわだ》てるが、その直《ちょく》前《ぜん》に急死《きゅうし》してしまう（享年《きょうねん》五十）。

世《よ》の中《なか》はいつしか尊王《そんのう》・攘夷《じょうい》、開国《かいこく》・鎖国《さこく》で大混乱《だいこんらん》となっていた。

この幕末《ばくまつ》の沸点《ふってん》を迎《むか》えた時期《じき》に、天璋院《てんしょういん》はその嫁《よめ》＝皇女《こうじょ》「和宮《かずのみや》」（将軍家茂《しょうぐんいえもち》の御台所《みだいどころ》）との確執《かくしつ》にも悩《なや》まされながら、大奥《おおおく》を采配《さいはい》しつづけた。やがて将軍家茂《しょうぐんいえもち》も、二十一歳《さい》で急逝《きゅうせい》してしまう。

かつて自《みずか》らも大奥工作《おおおくこうさく》をなした慶喜《よしのぶ》が、十五代将軍《だいしょうぐん》となったが、彼《かれ》は江戸《えど》に不在《ふざい》であり、その江戸城《えどじょう》にあって、傾《なだ》れをうって崩壊《ほうかい》にひた走《はし》る徳川幕府《とくがわばくふ》を、どうにか存続《そんぞく》へ導《みちび》くべく、女城主《おんなじょうしゅ》としての役割《やくわり》を懸《けん》命《めい》につとめたのが天璋院《てんしょういん》であった。彼女《かのじょ》は実家《じっか》である薩摩藩主島津家《さつまはんしゅしまづけ》をも向《む》こうにまわして、生命懸《いのちが》けの徳川家存続《とくがわけそんぞく》の嘆願《たんがん》を行《おこな》う。

もし、天璋院《てんしょういん》が大奥《おおおく》にいなければ、江戸無血開城《えどむけつかいじょう》もあっさりとは実《じつ》現《げん》せず、内乱《ないらん》が全国《ぜんこく》で勃発《ぼっぱつ》し、おそらく明治維新《めいじいしん》は十年近《ねんちか》く遅《おく》れて実現《じつげん》したに相違《そうい》なかった。もしも、そのような事態《じたい》になっていたならば、明治《めいじ》の日本《にほん》も大《おお》きく様変《さまが》わりしていたであろう。

天璋院《てんしょういん》は江戸最後《えどさいご》の日《ひ》――江戸無血開城《えどむけつかいじょう》の慶応《けいおう》四（一八六八）年《ねん》四月《がつ》十一日《にち》の、その前日《ぜんじつ》まで江戸城《えどじょう》を守《まも》り抜《ぬ》き、無事《ぶじ》に開城《かいじょう》に導《みちび》く功《こう》績《せき》の一端《いったん》を担《にな》った。

戦後《せんご》＝明治《めいじ》になっても天璋院《てんしょういん》は、薩摩《さつま》に戻《もど》ることを頑《かたく》なに拒《こば》み、嫁《とつ》いだからには婚家《こんか》と生涯《しょうがい》をともにする、と、死去《しきょ》するまで一度《ど》も、鹿《か》児島《ごしま》の土《つち》を踏《ふ》まなかった。島津家《しまづけ》からの援助《えんじょ》も断《ことわ》っている（島津家《しまづけ》は困《こま》って、勝海舟《かつかいしゅう》を経由《けいゆ》してお金《かね》を送《おく》った）。

彼女《かのじょ》はそれを知《し》らず、徳川家《とくがわけ》からのわずかな援助《えんじょ》で生活《せいかつ》していると自負《じふ》しつつ、徳川宗家《とくがわそうけ》を継《つ》いだ家達《いえさと》（御三卿《ごさんきょう》の一《いつ》・田安家《たやすけ》の出身《しゅっしん》）の養育《よういく》や、かつて大奥《おおおく》に勤《つと》めた女中《じょちゅう》たちの暮《く》らし向《む》きにも目《め》を配《くば》っている。

新《あたら》しい時代《じだい》の変化《へんか》に、自《みずか》らも順応《じゅんのう》しようと努力《どりょく》しつつ、次代《じだい》の養育《よういく》にあたってきた天璋院《てんしょういん》は、明治《めいじ》十五（一八八二）年《ねん》に家達《いえさと》がイギリス留学《りゅうがく》から帰国《きこく》し、同年《どうねん》十一月《がつ》十六日《にち》の、家達《いえさと》と近衛泰子《このえひろこ》（左大臣《さだいじん》・近衛忠房《このえただふさ》の長女《ちょうじょ》）の婚礼《こんれい》を見届《みとど》けて、この世《よ》を去《さ》った。

翌明治《よくめいじ》十六（一八八三）年《ねん》十一月《がつ》二十日《はつか》、中風《ちゅうふう》(11)を発《はっ》して、天璋院《てんしょういん》は没《ぼっ》したと伝《つた》えられている。享年《きょうねん》は四十八。

朝敵《ちょうてき》・徳川宗家《とくがわそうけ》（かつての将軍家《しょうぐんけ》）に、華族制度《かぞくせいど》の最上位《さいじょうい》「公爵《こうしゃく》」が授与《じゅよ》されたのは、その翌年《よくとし》のことであった。

なお、天璋院《てんしょういん》が育《そだ》てた徳川家達《とくがわいえさと》の長男《ちょうなん》である家正《いえまさ》の妻《つま》として、幕末《ばくまつ》最後《さいご》の薩摩藩主《さつまはんしゅ》（十二代《だい》）・島津忠義《しまづただよし》の娘《むすめ》・正子《なおこ》が嫁《とつ》いでいる。

夫《おっと》・家定《いえさだ》は無責任《むせきにん》に夭折《ようせつ》したが、その妻《つま》は「王佐《おうさ》の心《こころ》」をもって、見事《みごと》に徳川家《とくがわけ》の補佐役《ほさやく》の役割《やくわり》を担《にな》ったといえよう。

(11)中風《ちゅうふう》…急《きゅう》に起《お》こる半身不随《はんしんふずい》や手足《てあし》の麻痺《まひ》。脳血管《のうけっかん》の血《けつ》流障害《りゅうしょうがい》で起《お》こる症状《しょうじょう》を指《さ》すことが多《おお》い。

豆知識《まめちしき》①

篤姫最愛《あつひめさいあい》のペットは三毛猫《みけねこ》だった!?

小《ちい》さい頃《ころ》、篤姫《あつひめ》は実家《じっか》で、日本犬《にほんけん》の狆《ちん》を飼《か》っていた。狆《ちん》は戦国時代《せんごくじだい》から江戸《えど》時《じ》代《だい》にかけて、日本《にほん》の鼻面《はなづら》の短《みじか》い小型犬《こがたけん》と、ポルトガル人《じん》がマカオからもたらした北京《ペキニーズ》狆を掛《か》け合《あ》わせて作《つく》られた、比較《ひかく》的新《てきあたら》しい犬種《けんしゅ》である。

「犬公方《いぬくぼう》」と呼《よ》ばれる五代将軍《だいしょうぐん》・徳川綱《とくがわつな》吉《よし》は、ことにこの狆《ちん》が好《す》きで、江戸城《えどじょう》で座敷犬《ざしきいぬ》・抱《だ》き犬《いぬ》として飼育《しいく》していたという。おそらく薩摩藩《さつまはん》（現《げん》・鹿児島県《かごしまけん》）には、五代藩主《だいはんしゅ》・島津継豊《しまづつぐとよ》の元《もと》に、綱吉《つなよし》の養女《ようじょ》・竹姫《たけひめ》が嫁《とつ》いで来《き》た時《とき》、持《も》ち込《こ》まれたのであろう。

狆《ちん》を溺愛《できあい》していた篤姫《あつひめ》であったが、残《ざん》念《ねん》ながら、夫《おっと》の家定《いえさだ》は犬嫌《いぬぎら》いであった。そこで猫《ねこ》を飼《か》い、「みち姫《ひめ》」と名付《なづ》けて可愛《かわい》がったが、すぐに死《し》んでしまった。

悲《かな》しむ篤姫《あつひめ》を見《み》かねた年寄《としより》・幾島《いくしま》は、三毛猫《みけねこ》の子《こ》をもらってきた。篤姫《あつひめ》は「さと姫《ひめ》」と名付《なづ》け、可愛《かわい》がった。

「さと姫《ひめ》」には、三人《にん》の女中《じょちゅう》が専属《せんぞく》のお世話掛《せわがかり》として付《つ》き、食事《しょくじ》の時《とき》には篤姫《あつひめ》のお膳《ぜん》と一緒《いっしょ》に、「さと姫《ひめ》」のお膳《ぜん》も出《だ》され、アワビの形《かたち》をした陶器《とうき》に、専用《せんよう》の食《しょく》事《じ》が盛《も》られた。通常《つうじょう》は生魚《なまざかな》が出《だ》されたが、生《なま》ものの食《た》べられない精進《しょうじん》の日《ひ》には、どじょうと鰹節《かつおぶし》が出《だ》された。「さと姫《ひめ》」の食費《しょくひ》には、年間《ねんかん》二十五両《りょう》（現在《げんざい》の約《やく》二百《ひゃく》五十万円《まんえん》）ほどもかかったという。

「さと姫《ひめ》」は十六年《ねん》ほど生《い》きたというから、篤姫《あつひめ》が江戸城《えどじょう》を去《さ》ったあとも、共《とも》に暮《く》らしたのであろう。自由《じゆう》に外出《がいしゅつ》し、去《きょ》勢《せい》されていなかったので、毎年《まいとし》五〜六匹《ひき》の子猫《こねこ》を産《う》んだが、大奥《おおおく》の中《なか》でもらい手《て》が殺到《さっとう》したので、問題《もんだい》はなかったようだ。

「さと姫《ひめ》」は紅絹《もみ》のヒモ（一か月《げつ》ごとに取《と》り替《か》えられる）の首輪《くびわ》に銀《ぎん》の鈴《すず》を付《つ》けていた。日頃《ひごろ》はおおむね、篤姫《あつひめ》の着物《きもの》の裾《すそ》に寝《ね》そべっていたが、専用《せんよう》の布団《ふとん》もあり、管籠《くだかご》（磨《みが》いた竹《たけ》を枠《わく》にしたかご）にちりめんの布団《ふとん》を敷《し》いて、その中《なか》で寝《ね》た。

行儀《ぎょうぎ》も良《よ》く、別《べつ》の部屋《へや》に迷《まよ》い込《こ》んだ時《とき》は、「お間違《まちが》い、お間違《まちが》い」と言《い》うと、自分《じぶん》で篤姫《あつひめ》の部屋《へや》に戻《もど》った。

女中《じょちゅう》たちから、お下《さ》がりの食《た》べ物《もの》をもらった時《とき》は、その場《ば》で食《た》べることなく、自分《じぶん》のお膳《ぜん》まで持《も》っていってから食《た》べた。

篤姫《あつひめ》の夫《おっと》・家定《いえさだ》を失《うしな》った孤独《こどく》を、「さと姫《ひめ》」が慰《なぐさ》めていたのかもしれない。

豆知識《まめちしき》②

大奥《おおおく》の主《あるじ》・御台所《みだいどころ》の一日《にち》と篤姫《あつひめ》の好物《こうぶつ》とは？

御台所《みだいどころ》としての篤姫《あつひめ》の一日《にち》は、どのようなものであったのだろうか。

御台所《みだいどころ》は、午前《ごぜん》六時《じ》に起床《きしょう》すると、すぐに朝食《ちょうしょく》の膳《ぜん》が用意《ようい》された。これを食《しょく》しながら御中﨟《おちゅうろう》に髪《かみ》を結《ゆ》わせ、つづいて化粧《けしょう》。白粉《おしろい》はしっかり塗《ぬ》るのが上品《じょうひん》とされたため、念入《ねんい》りに化粧《けしょう》がほどこされた。歯《は》に鉄漿《おはぐろ》を塗《ぬ》り、紅《べに》を点《さ》して眉《まゆ》を引《ひ》くと、将軍《しょうぐん》を迎《むか》えてともに仏間《ぶつま》へ入《はい》る。

将軍《しょうぐん》が中奥《なかおく》に戻《もど》ると、すぐに総《そう》ぶれの準備《じゅんび》に取《と》り掛《か》かり、午前《ごぜん》十時《じ》までに衣装《いしょう》を替《か》えて、女中《じょちゅう》たちとともに将軍《しょうぐん》をお迎《むか》えしなければならなかった。

御台所《みだいどころ》の場合《ばあい》、一日《にち》に五回《かい》も衣装《いしょう》を替《か》えた。そのうえ、衣装替《いしょうが》えのたびに化粧《けしょう》も直《なお》したので、目《め》の回《まわ》るような忙《いそが》しさであったろう。

ただし、朝《あさ》の総《そう》ぶれが済《す》んでしまえば、基本的《きほんてき》には自由《じゆう》な時間《じかん》を過《す》ごすことができた。午前中《ごぜんちゅう》に入浴《にゅうよく》を済《す》ませ、午後《ごご》は茶《ちゃ》の湯《ゆ》や遊《あそ》びに興《きょう》じる。将軍《しょうぐん》の奥泊《おくどまり》がない場合《ばあい》は、夕食後《ゆうしょくご》も就寝時刻《しゅうしんじこく》の夜《よる》十時《じ》まで、のんびりと過《す》ごすことができた。

ちなみに、篤姫《あつひめ》の好物《こうぶつ》は地味《じみ》なものが多《おお》かった。まず、薩摩《さつま》の赤味噌《あかみそ》——篤姫《あつひめ》付《つ》きの年寄《としより》・幾島《いくしま》によると、故郷《こきょう》の赤味《あかみ》噌《そ》がないと、篤姫《あつひめ》は食事《しょくじ》を召《め》し上《あ》がらなかった、とか。

あわせて、高菜《たかな》の漬物《つけもの》も所望《しょもう》した。酒《さけ》で渋抜《しぶぬ》きをした柿《かき》＝「樽柿《たるがき》」も好物《こうぶつ》で、篤姫《あつひめ》は寝《ね》る前《まえ》に酒《さけ》を飲《の》む習慣《しゅうかん》もあったようだ。

ほかに、白《しろ》いんげん豆《まめ》を甘《あま》く煮《に》たものを好《この》んで食《た》べた。

煮貝《にかい》もお気《き》に入《い》りで、さざえの殻《から》にくわい、海老《えび》、魚《さかな》の切《き》り身《み》、三《み》つ葉《ば》、松茸《まつたけ》などを細《こま》かく入《い》れて、卵《たまご》をたらし、貝《かい》の口《くち》を昆布《こんぶ》でふさいだものというから、今《こん》日《にち》の茶碗蒸《ちゃわんむ》しであろうか。

ほかに、あんかけ豆腐《どうふ》、茶飯《ちゃめし》。デザートとしては枇杷《びわ》、はちみつ漬《づ》けのライチなどが好物《こうぶつ》として知《し》られている。

なお、徳川宗家《とくがわそうけ》では篤姫《あつひめ》の月命日《つきめいにち》である二十日《はつか》に、「はつか様《さま》」と呼《よ》ばれた好《こう》物《ぶつ》をお供《そな》えした。先《さき》の白《しろ》いんげんにあんかけ豆腐《どうふ》、「きがら茶飯《ちゃめし》」を供《そな》えたものをいった。

篤姫《あつひめ》は徳川家《とくがわけ》に、大切《たいせつ》に思《おも》われていたことがうかがえる。

豆知識《まめちしき》③

徳川家《とくがわけ》十六代当主《だいとうしゅ》・徳川家達《とくがわいえさと》が内閣総理大臣《ないかくそうりだいじん》を辞退《じたい》した理由《りゆう》とは？

篤姫《あつひめ》が手《て》ずから育《そだ》てた、徳川宗家《とくがわそうけ》十六代当主《だいとうしゅ》・徳川家達《とくがわいえさと》は、大正初期《たいしょうしょき》、内閣総理大臣《ないかくそうりだいじん》に指名《しめい》されていた。

第《だい》一次世界大戦前夜《じせかいたいせんぜんや》、日本《にほん》では海軍高官《かいぐんこうかん》への贈賄《ぞうわい》による「シーメンス事件《じけん》」が発覚《はっかく》。ときの山本権兵衛内閣《やまもとごんのひょうえないかく》が総辞職《そうじしょく》をして、その後継首班《こうけいしゅはん》の内命《ないめい》が家達《いえさと》へ下《くだ》ったのである。

明治憲法《めいじけんぽう》による首相《しゅしょう》の選任《せんにん》は、天皇《てんのう》による大命降下方式《たいめいこうかほうしき》であった。ありようは、元老《げんろう》の推薦《すいせん》によるもので、もし、家《いえ》達《さと》が受《う》けていれば、「将軍内閣《しょうぐんないかく》」の誕生《たんじょう》となっていたわけだ。

当時《とうじ》、家達《いえさと》に対《たい》する政治舞台《せいじぶたい》への待望論《たいぼうろん》は根強《ねづよ》く、多分《たぶん》に将軍家《しょうぐんけ》の歴史《れきし》を重《かさ》ね、すでに軍部《ぐんぶ》の動向《どうこう》に懸念《けねん》を抱《いだ》く人々《ひとびと》も少《すく》なくなかった。

しかし、家達《いえさと》は参内《さんだい》のうえ、その任《にん》にあらざるの旨《むね》を奏上《そうじょう》し、辞退《じたい》を願《ねが》い出《で》た。一説《いっせつ》に家達《いえさと》は、薩長閥《さっちょうばつ》で成立《せいりつ》している政府《せいふ》だけに、仮《かり》に徳川政権《とくがわせいけん》が誕生《たんじょう》したとしても、どうせ妨害《ぼうがい》されるだけだ、と考《かんが》えていたとも。

それならばいっそ、「私設外交《しせつがいこう》の雄《ゆう》」（徳川家《とくがわけ》の家政相談役《かせいそうだんやく》を務《つと》めた井出謙治《いでけんじ》の言《げん》）として、側面《そくめん》から国家運営《こっかうんえい》を支援《しえん》した方《ほう》がよい、と家達《いえさと》は考《かんが》えたようだ。

昭和《しょうわ》四（一九二九）年《ねん》十一月《がつ》に就任《しゅうにん》した日本赤十字社社長《にほんせきじゅうじしゃしゃちょう》をはじめ、済生会会長《さいせいかいかいちょう》、協調会会長《きょうちょうかいかいちょう》——公共団体《こうきょうだんたい》だけでも、優《ゆう》に四十《こ》を超える団体《だんたい》のリーダーを篤実《とくじつ》につとめた。

そして昭和《しょうわ》五（一九三〇）年《ねん》、ベルギーで開催《かいさい》された第《だい》十四回赤十字国際会議《かいせきじゅうじこくさいかいぎ》に臨《のぞ》んだ家達《いえさと》は、次回会議《じかいかいぎ》の東京開催《とうきょうかいさい》を提議《ていぎ》し、親交《しんこう》のあったアメリカ赤十字《せきじゅうじ》の代表《だいひょう》ペイン判事《はんじ》に熱心《ねっしん》に働《はたら》きかけ、各国《かっこく》を説得《せっとく》。昭和《しょうわ》八（一九三三）年《ねん》にはさらに欧米各国《おうべいかっこく》の赤十字社《せきじゅうじしゃ》を歴訪《れきほう》して、東京会議《とうきょうかいぎ》に少《すこ》しでも有力《ゆうりょく》な出席者《しゅっせきしゃ》を集《あつ》めるべく努力《どりょく》した。

第《だい》十五回赤十字国際会議《かいせきじゅうじこくさいかいぎ》が、東京《とうきょう》で開《ひら》かれたのは昭和《しょうわ》九（一九三四）年《ねん》十月《がつ》。この年《とし》、日本軍部《にほんぐんぶ》による満州国統治《まんしゅうこくとうち》は、皇帝溥儀《こうていふぎ》を傀儡《かいらい》に帝制《ていせい》を実施《じっし》した。

すでに日本《にほん》は、世界《せかい》の孤児《こじ》になっていたといってよい。その日本《にほん》の東京会議《とうきょうかいぎ》に四十五の参加国《さんかこく》、のべ三百《びゃく》十九名《めい》が参加《さんか》した。これは特筆《とくひつ》されるべきであろう。

年表《ねんぴょう》

天保《てんぽう》七（1836）年《ねん》

二月《がつ》十九日《にち》、篤姫《あつひめ》、薩摩国鶴丸《さつまのくにつるまる》（鹿児島《かごしま》）城《じょう》（現《げん》・鹿《か》児島県《ごしまけん》鹿児島市《かごしまし》城山町《しろやまちょう》）の城下《じょうか》にて、島津忠剛《しまづただたけ》の長女《ちょうじょ》（第《だい》五子《し》）として生《う》まれる（後年《こうねん》、幕府《ばくふ》には天保《てんぽう》六〈1835〉年《ねん》十二月《がつ》十九日《にち》の生《う》まれとして届《とど》け出《で》る）。幼《よう》名《みょう》は一子《いちこ》（於一《おいち》）。父《ちち》・忠剛《ただたけ》は薩摩藩《さつまはん》九代藩主《だいはんしゅ》・島津斉《しまづなり》宣《のぶ》の七男《なん》で、島津家御一門《しまづけごいちもん》の今和泉島津家《いまいずみしまづけ》九代当主《だいとうしゅ》・島《しま》津忠喬《づただたか》に養子《ようし》として入《はい》っていた。母《はは》は、島津助之丞久丙《しまづすけのじょうひさあき》の娘《むすめ》。

天保《てんぽう》十（1839）年《ねん》

十二月十四日《がつじゅうよっか》、父《ちち》・忠剛《ただたけ》、今和泉島津家《いまいずみしまづけ》の家督《かとく》を継《つ》ぎ、十代当主《だいとうしゅ》となる。

天保《てんぽう》十一（1840）年《ねん》

この年《とし》、アヘン戦争《せんそう》が勃発《ぼっぱつ》（～1842年《ねん》）。

天保《てんぽう》十二（1841）年《ねん》

閏正月《うるうしょうがつ》三十日《にち》、十一代将軍《だいしょうぐん》・徳川家斉《とくがわいえなり》が死去《しきょ》。享年《きょうねん》、六十九。

十月《がつ》十三日《にち》、薩摩藩主《さつまはんしゅ》・島津斉宣《しまづなりのぶ》、江戸《えど》の薩摩藩高輪《さつまはんたかなわ》藩邸《はんてい》で死去《しきょ》。享年《きょうねん》、六十九。

十一月《がつ》二十一日《にち》、十二代将軍《だいしょうぐん》・徳川家慶《とくがわいえよし》の四男《なん》で将軍継《しょうぐんけい》嗣《し》の徳川家祥《とくがわいえさき》（のちの家定《いえさだ》）、最初《さいしょ》の結婚《けっこん》。一番目《ばんめ》の正室《せいしつ》となる相手《あいて》は、元関白鷹司政熙《もとかんぱくたかつかさまさひろ》の娘《むすめ》・任子《あつこ》。

弘化《こうか》二（1845）年《ねん》

二月《がつ》二十二日《にち》、阿部正弘《あべまさひろ》が老中首座《ろうじゅうしゅざ》となる。

弘化《こうか》三（1846）年《ねん》

七月《がつ》二十五日《にち》、薩摩藩《さつまはん》十代藩主《だいはんしゅ》・島津斉興《しまづなりおき》の嫡子《ちゃくし》・斉《なり》彬《あきら》が、琉球問題処理《りゅうきゅうもんだいしょり》のため鹿児島《かごしま》に入《はい》る。

嘉永元《かえいがん》（1848）年《ねん》

六月十日《がつとおか》、徳川家祥《とくがわいえさき》の正室《せいしつ》・任子《あつこ》が死去《しきょ》。享年《きょうねん》、二十六。

嘉永《かえい》二（1849）年《ねん》

十一月《がつ》二十二日《にち》、家祥《いえさき》、二度目《どめ》の結婚《けっこん》。二番目《ばんめ》の正室《せいしつ》は、前関白一条忠良《さきのかんぱくいちじょうただよし》の娘《むすめ》・秀子《ひでこ》。

嘉永《かえい》三（1850）年《ねん》

六月二十四日《がつにじゅうよっか》、家祥《いえさき》の二番目《ばんめ》の正室《せいしつ》・秀子《ひでこ》が死去《しきょ》。享《きょう》年《ねん》、二十六。

秋頃《あきごろ》、薩摩藩《さつまはん》が徳川家《とくがわけ》から縁組《えんぐみ》を求《もと》められる。

嘉永《かえい》四（1851）年《ねん》

二月二日《がつふつか》、島津斉彬《しまづなりあきら》、薩摩藩《さつまはん》十一代藩主《だいはんしゅ》に就任《しゅうにん》。

嘉永《かえい》五（1852）年《ねん》

三月《がつ》二十三日《にち》、斉彬《なりあきら》、藩主《はんしゅ》として初《はつ》のお国入《くにい》りの途中《とちゅう》、伏見《ふしみ》に到着《とうちゃく》。三日間滞在《みっかかんたいざい》して、内大臣《ないだいじん》・近衛忠煕《このえただひろ》（のちの篤姫《あつひめ》の養父《ようふ》）と会見《かいけん》。

五月三日《がつみっか》、一子《いちこ》の父《ちち》・忠剛《ただたけ》、斉彬《なりあきら》を薩摩藩内《さつまはんない》・出水《いずみ》（現《げん》・鹿児島県出水市《かごしまけんいずみし》）に出迎《でむか》える。

十二月《がつ》十五日《にち》、一子《いちこ》、御家督御内証御祝《ごかとくごないしょうおいわい》に参加《さんか》。

嘉永《かえい》六（1853）年《ねん》

二月《がつ》二十六日《にち》、斉彬《なりあきら》、島津家《しまづけ》の別荘《べっそう》・磯邸《いそてい》にて忠剛《ただたけ》らと花見《はなみ》。

三月一日《がつついたち》、一子《いちこ》、斉彬《なりあきら》の養女《ようじょ》となり、実子式《じっしき》が行《おこな》われる。

同月十日《どうげつとおか》、一子《いちこ》、名《な》を篤姫《あつひめ》とあらため、斉彬《なりあきら》は幕府《ばくふ》に実子届《じつしとどけ》を提出《ていしゅつ》する。

六月三日《がつみっか》、アメリカ合衆国東《がっしゅうこくひがし》インド艦隊司令官《かんたいしれいかん》・ペリーが浦賀《うらが》に来航《らいこう》する。

六月五日《がついつか》、篤姫《あつひめ》、鶴丸城《つるまるじょう》に入《はい》る。

同月《どうげつ》二十二日《にち》、将軍家慶《しょうぐんいえよし》が死去《しきょ》（発喪《はつも》は七月《がつ》二十二日《にち》）。享年《きょうねん》、六十一。

七月十日《がつとおか》、篤姫《あつひめ》の御参府御首途式《ごさんぷごしゅとしき》が行《おこな》われる。

八月《がつ》二十一日《にち》、篤姫《あつひめ》、鶴丸城《つるまるじょう》を出発《しゅっぱつ》。陸路《りくろ》、江戸《えど》に向《む》かう。
十月《がつ》二十三日《にち》、篤姫《あつひめ》、江戸《えど》の薩摩藩芝藩邸《さつまはんしばはんてい》に入《はい》る。
十一月《がつ》二十三日《にち》、徳川家祥《とくがわいえさき》、十三代将軍《じゅうさんだいしょうぐん》の宣下《せんげ》を受《う》ける。諱《いみな》を家定《いえさだ》と改《あらた》める。

嘉永《かえい》七（1854）年《ねん》
※十一月《がつ》二十七日《にち》、安政《あんせい》へ改元《かいげん》

二月《がつ》二十七日《にち》、篤姫《あつひめ》の実父《じっぷ》・忠剛《ただたけ》が死去《しきょ》。享年《きょうねん》、四十九。

安政《あんせい》二（1855）年《ねん》

十月二日《がつふつか》、安政《あんせい》の大地震《おおじしん》が起《お》こり、芝藩邸《しばはんてい》が大損害《だいそんがい》を受《う》ける。
同月《どうげつ》（十二月《がつ》とも）、篤姫《あつひめ》、薩摩藩渋谷藩邸《さつまはんしぶやはんてい》に移《うつ》る。
十二月《がつ》十六日《にち》、篤姫《あつひめ》、越前福井藩主《えちぜんふくいはんしゅ》・松平慶永《まつだいらよしなが》（号《ごう》して春嶽《しゅんがく》）と会《あ》う。

安政《あんせい》三（1856）年《ねん》

二月《がつ》二十八日《にち》、斉彬《なりあきら》、老中《ろうじゅう》・阿部正弘《あべまさひろ》から、将軍家定《しょうぐんいえさだ》と篤姫《あつひめ》との婚礼《こんれい》について、正式《せいしき》な内定《ないてい》を受《う》ける。
四月一日《がつついたち》、斉彬《なりあきら》、阿部《あべ》から篤姫《あつひめ》を近衛忠熙《このえただひろ》の養女《ようじょ》とする件《けん》、正式《せいしき》に承諾《しょうだく》を受《う》ける。
同月十四日《どうげつじゅうよっか》、篤姫付《あつひめつき》の御年寄《おとしより》となる幾島《いくしま》、渋谷藩邸《しぶやはんてい》に到《とう》着《ちゃく》（異説《いせつ》あり）。

七月七日《がつなのか》（四月十四日《がつじゅうよっか》とも）、篤姫《あつひめ》、近衛忠煕《このえただひろ》の養女《ようじょ》となり、名《な》を敬子《すみこ》とあらためる。君号《くんごう》は「篤君《あつぎみ》」（この年《ねん》表《ぴょう》では篤姫《あつひめ》のままとする）。
十一月《がつ》十一日《にち》、篤姫《あつひめ》、婚礼《こんれい》のため江戸城《えどじょう》へ登《のぼ》る。
同月《どうげつ》十九日《にち》（十二月《がつ》十一日《にち》とも）、篤姫《あつひめ》、将軍家定《しょうぐんいえさだ》と結《ゆい》納《のう》を交《か》わす。
十二月《がつ》十八日《にち》、篤姫《あつひめ》、将軍家定《しょうぐんいえさだ》との婚礼《こんれい》を執《と》り行《おこな》う。

安政四《あんせい》（1857）年《ねん》

六月《がつ》十七日《にち》、老中《ろうじゅう》・阿部正弘《あべまさひろ》が死去《しきょ》。享年《きょうねん》、三十九。

安政五《あんせい》（1858）年《ねん》

この頃《ころ》、篤姫《あつひめ》、将軍継嗣問題《しょうぐんけいしもんだい》について西郷吉之助《さいごうきちのすけ》（のち隆盛《たかもり》）と連絡《れんらく》を取《と》る。
四月《がつ》二十三日《にち》、井伊直弼《いいなおすけ》が大老《たいろう》となる。
六月《がつ》十九日《にち》、日米修好通商条約《にちべいしゅうこうつうしょうじょうやく》（下田条約《しもだじょうやく》）が調印《ちょういん》される。
同月《どうげつ》二十五日《にち》、紀州藩主《きしゅうはんしゅ》・徳川慶福《とくがわよしとみ》（のち家茂《いえもち》）、将軍《しょうぐん》継嗣《けいし》となる。
七月六日《がつむいか》、将軍家定《しょうぐんいえさだ》が死去《しきょ》。享年《きょうねん》、三十五。
同月《どうげつ》十六日《にち》、斉彬《なりあきら》が死去《しきょ》。享年《きょうねん》、五十。
八月《がつ》二十九日《にち》、篤姫《あつひめ》、落飾《らくしょく》して天璋院《てんしょういん》を号《ごう》する。

安政《あんせい》七（1860）年《ねん》
※三月《がつ》十八日《にち》、万延《まんえん》へ改元《かいげん》

文久《ぶんきゅう》二（1862）年《ねん》

文久《ぶんきゅう》三（1863）年《ねん》

十月《がつ》二十四日《にじゅうよっか》、徳川家茂《とくがわいえもち》（慶福《よしとみ》から改名《かいめい》）、十四代将軍《だいしょうぐん》の宣下《せんげ》を受《う》ける。
十二月《がつ》二十八日《にち》、斉彬《なりあきら》の弟《おとうと》・島津忠教《しまづただゆき》（のち久光《ひさみつ》）の嫡子《ちゃくし》・忠徳《ただのり》（のち茂久《もちひさ》、忠義《ただよし》）が薩摩藩《さつまはん》十二代藩主《だいはんしゅ》に就任《しゅうにん》。
三月三日《がつみっか》、桜田門外《さくらだもんがい》の変《へん》で、大老《たいろう》・井伊直弼《いいなおすけ》が暗殺《あんさつ》される。享年《きょうねん》、四十六。

二月《がつ》十一日《にち》、将軍家茂《しょうぐんいえもち》、和宮《かずのみや》との婚礼《こんれい》を行《おこな》う。
三月《がつ》十六日《にち》、島津久光《しまづひさみつ》（忠教《ただゆき》から改名《かいめい》）、藩兵《はんぺい》一千《せん》を率《ひき》いて上京《じょうきょう》する。
四月《がつ》二十三日《にち》、寺田屋《てらだや》事件《じけん》が勃発《ぼっぱつ》する。
八月《がつ》二十一日《にち》、生麦《なまむぎ》事件《じけん》が勃発《ぼっぱつ》する。

二月《がつ》十三日《にち》、将軍家茂《しょうぐんいえもち》、上洛《じょうらく》の途《と》につく（三月四日《がつよっか》、入京《にゅうきょう》）。
七月《がつ》、薩英戦争《さつえいせんそう》が勃発《ぼっぱつ》する。
八月《がつ》十八日《にち》、和宮《かずのみや》、天璋院《てんしょういん》が二《に》の丸《まる》へ移《うつ》ることの差《さ》し止《と》めを宮中《きゅうちゅう》に依頼《いらい》する。
同日《どうじつ》、八月《がつ》十八日《にち》の政変《せいへん》が起《お》こる。

元治元《げんじがん》(1864)年《ねん》

七月《がつ》十九日《にち》、禁門《きんもん》の変《へん》(蛤御門《はまぐりごもん》の変《へん》)が勃発《ぼっぱつ》する。

慶応二《けいおう》(1866)年《ねん》

七月《がつ》十六日《にち》、天璋院《てんしょういん》と和宮《かずのみや》、大坂《おおさか》にいる将軍家茂《しょうぐんいえもち》の許《もと》へ奥医師《おくいし》を派遣《はけん》。
同月二十日《どうげつはつか》、将軍家茂《しょうぐんいえもち》が死去《しきょ》。享年《きょうねん》、二十一。
十二月《がつ》五日《いつか》、徳川慶喜《とくがわよしのぶ》、十五代将軍《だいしょうぐん》の宣下《せんげ》を受《う》ける。
同月九日《どうげつここのか》、和宮《かずのみや》、落飾《らくしょく》して静寛院宮《せいかんいんのみや》を号《ごう》する。

慶応三《けいおう》(1867)年《ねん》

十月《がつ》十四日《じゅうよっか》、将軍慶喜《しょうぐんよしのぶ》、朝廷《ちょうてい》に政権返上《せいけんへんじょう》(大政奉還《たいせいほうかん》)。

慶応四《けいおう》(1868)年《ねん》
※九月八日《がつようか》、明治《めいじ》へ改元《かいげん》

正月三日《しょうがつみっか》、鳥羽《とば》・伏見《ふしみ》の戦《たたか》いが勃発《ぼっぱつ》する。
二月《がつ》十二日《にち》、将軍慶喜《しょうぐんよしのぶ》、江戸城《えどじょう》を退去《たいきょ》し、寛永寺《かんえいじ》で謹慎《きんしん》。
三月《がつ》、天璋院《てんしょういん》の嘆願書《たんがんしょ》が東征大総督府下参謀《とうせいだいそうとくふかさんぼう》・西郷吉之助《さいごうきちのすけ》に届《とど》けられる。
四月十日《がつとおか》、天璋院《てんしょういん》、一橋邸《ひとつばしてい》に引《ひ》き移《うつ》る。
同月《どうげつ》十一日《にち》、江戸城《えどじょう》が無血開城《むけつかいじょう》。

明治二《めいじ》(1869)年《ねん》

正月《しょうがつ》十一日《にち》、天璋院《てんしょういん》、静寛院宮《せいかんいんのみや》の訪問《ほうもん》を受《う》ける。

七月二日《がつふつか》、薩摩藩《さつまはん》より天璋院《てんしょういん》に三千両《ぜんりょう》が贈《おく》られる。
十一月五日《がついつか》、薩摩藩主《さつまはんしゅ》・島津忠義《しまづただよし》（茂久《もちひさ》から改名《かいめい》）と天璋院《てんしょういん》の兄《あに》たちが、天璋院《てんしょういん》を訪問《ほうもん》する。
この年《とし》、天璋院《てんしょういん》、一橋邸《ひとつばしてい》を出《で》て居宅《きょたく》を転々《てんてん》とする。

明治《めいじ》四（1871）年《ねん》

この年《とし》、天璋院《てんしょういん》、徳川宗家《とくがわそうけ》当主《とうしゅ》・徳川家達《とくがわいえさと》と暮《く》らしはじめる。

明治《めいじ》十（1877）年《ねん》

九月二日《がつふつか》、静寛院宮《せいかんいんのみや》が死去《しきょ》。享年《きょうねん》、三十二。
十月《がつ》、家達《いえさと》、イギリスへ留学《りゅうがく》。

明治《めいじ》十三（1880）年《ねん》

九月《がつ》二十三日《にち》、天璋院《てんしょういん》、熱海《あたみ》・箱根《はこね》に湯治旅行《とうじりょこう》（〜十月《がつ》三十一日《にち》）。

明治《めいじ》十五（1882）年《ねん》

九月《がつ》、家達《いえさと》がイギリスより帰国《きこく》。
十一月《がつ》十六日《にち》、家達《いえさと》が元左大臣《もとさだいじん》近衛忠房《このえただふさ》の長女《ちょうじょ》・泰子《ひろこ》と結婚《けっこん》。

明治《めいじ》十六（1883）年《ねん》

十一月二十日《がつはつか》、天璋院《てんしょういん》、千駄ヶ谷《せんだがや》徳川邸《とくがわてい》にて死去《しきょ》。享年《きょうねん》、四十八（公式《こうしき》には四十九）。

参考文献《さんこうぶんけん》

講談社文庫　天璋院篤姫と大奥の女たちの謎〈徹底検証〉　加来耕三著　講談社
天璋院篤姫のすべて　芳即正編　新人物往来社
天璋院篤姫　寺尾美保著　高城書房
幕末維新 まさかの深層 明治維新一五〇年は日本を救ったのか　加来耕三著　さくら舎
潮新書　西郷隆盛 100 の言葉　加来耕三著　潮出版社
『南洲翁遺訓』に訊く——西郷隆盛のことば　加来耕三著　河出書房新社
幕末・明治の英傑たち　加来耕三著　滋慶出版／つちや書店
歴史群像シリーズ　篤姫と大奥 幕末騒擾を生き抜いた御台所　学習研究社
みんなの篤姫　寺尾美保著　尚古集成館監修　南方新社
徳川政権下の大奥と奥女中　畑尚子著　岩波書店
将軍と大奥 江戸城の「事件と暮らし」　山本博文著　小学館
岩波新書　幕末の大奥 天璋院と薩摩藩　畑尚子著　岩波書店
講談社選書メチエ　幕末の将軍　久住真也著　講談社
大奥学事始め 女のネットワークと力　山本博文著　日本放送出版協会
講談社現代新書　江戸奥女中物語　畑尚子著　講談社

著者略歴

加来耕三：企画・構成・監修

歴史家・作家。1958 年、大阪府大阪市生まれ。1981 年、奈良大学文学部史学科卒業。主な著書に、『卑弥呼のサラダ 水戸黄門のラーメン』、『徳川三代記』、『if の日本史「もしも」で見えてくる、歴史の可能性』、『上杉謙信』、『直江兼続』（すべてポプラ社）、『歴史に学ぶ自己再生の理論』（論創社）、『1868 明治が始まった年への旅』（時事通信社）などがある。「コミック版 日本の歴史シリーズ」（ポプラ社）の企画・構成・監修やテレビ・ラジオ番組の監修・出演も少なくない。

後藤ひろみ：原作

ふくい歴女の会会長。福井県立歴史博物館併設カフェ代表。福井県福井市生まれ。福井高専卒。開催に携わった 2014 年の歴史研究会全国大会で松平春嶽を取り上げげたことをきっかけに、幕末に魅せられている。歴史を学ぶことで、誇りや自信をもって今の暮らしを充実させようと活動を展開している。歴史研究会会員。主な作品に『幕末・維新人物伝 松平春嶽』（ポプラ社「コミック版日本の歴史シリーズ」原作）がある。

瀧 玲子：作画

少女誌でデビュー後、大阪コミュニケーションアート専門学校で講師を十数年つとめ、現在は名古屋コミュニケーションアート専門学校で講師として在籍。主な作品に、『戦国人物伝 伊達政宗』『戦国人物伝 宮本武蔵』『戦国人物伝 豊臣秀吉』『幕末・維新人物伝 吉田松陰と高杉晋作』『源平武将伝 源義経』『戦国人物伝 細川ガラシャ』『幕末・維新人物伝 土方歳三』『戦国人物伝 竹中半兵衛』『戦国人物伝 高山右近』『戦国人物伝 淀殿』（すべてポプラ社「コミック版 日本の歴史シリーズ」）がある。

コミック版 日本の歴史㊹
幕末・維新人物伝
篤姫
2018年6月　第1刷
2023年12月　第6刷

企画・構成・監修　加来耕三《かくこうぞう》
原　　作　後藤《ごとう》ひろみ
作　　画　瀧《たき》 玲子《れいこ》

カバーデザイン　竹内亮輔＋梅田裕一〔crazy force〕

発行者　千葉 均
編　集　森田礼子
発行所　株式会社ポプラ社
〒102-8519　東京都千代田区麹町4-2-6
ホームページ　www.poplar.co.jp
印刷所　今井印刷株式会社
製本所　島田製本株式会社
電植製版　株式会社オノ・エーワン

ISBN978-4-591-15890-6 N.D.C.289 127p 22cm　Printed in Japan

P7047064

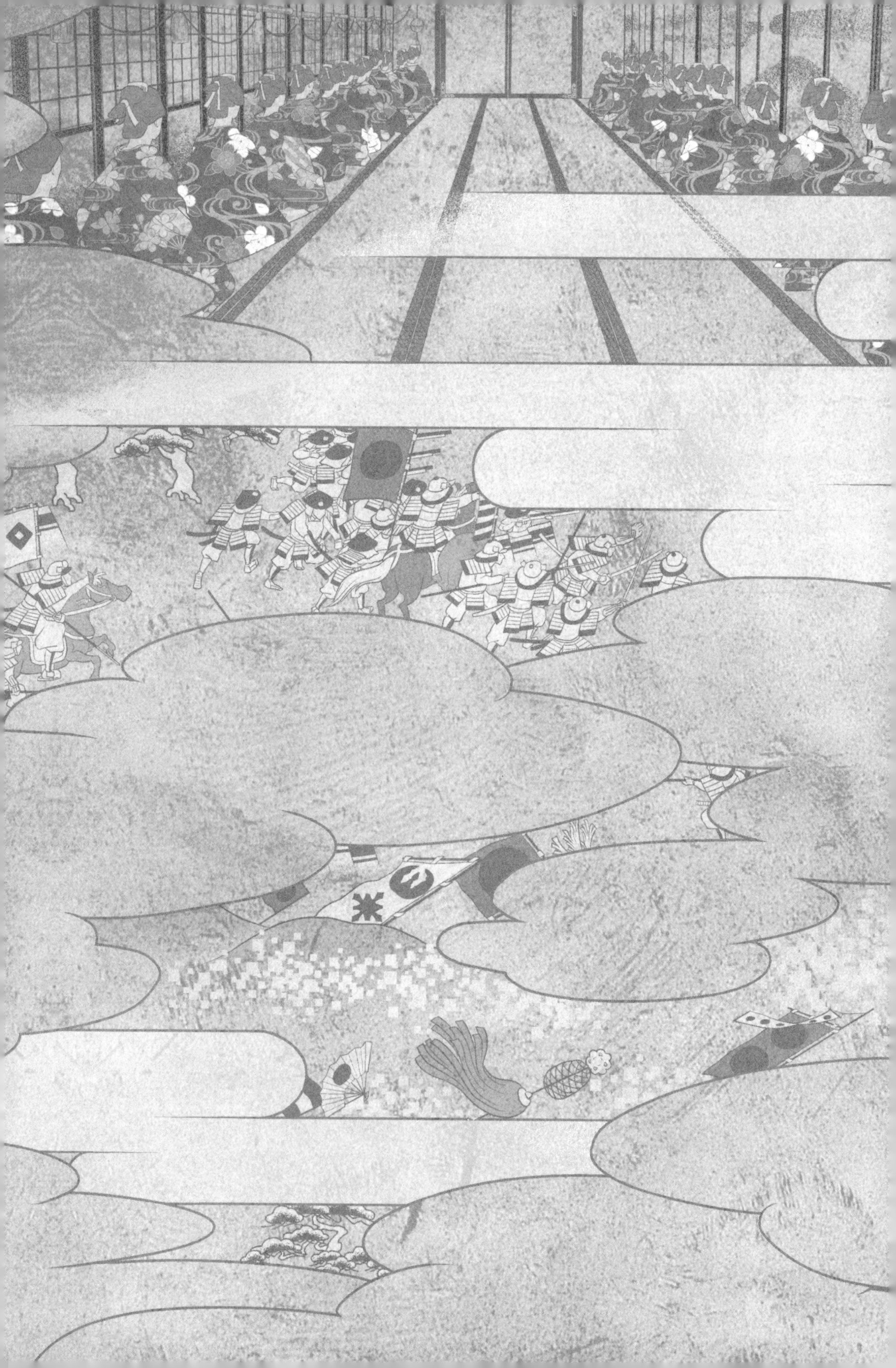